博物館学Q&A

博物館・美術館のウラ・オモテ

清水久夫 著

はしがき

私の学芸員生活も25年になりました。今勤務している博物館は4館目です。本来業務のほかに、平成12年（二〇〇〇）度から、埼玉大学で「博物館学特講Ⅱ」を担当し、今年度で6年目になります。明星大学で「博物館実習Ⅰ・Ⅱ」を担当してからも、4年目になります。受講した学生諸君の数もかなりの人数になりました。

埼玉大学では、授業の終わる5～10分前、出席票を兼ねて、学生諸君に質問、感想、要望などを書いてもらっています。毎年ほぼ同じですが、昨年度は、次のようなものでした。

> 平成16年度後期博物館学特講Ⅱ
>
> 年　月　日
> 学部・学科・専攻
> 氏名
>
> 質問があれば記してください（今日の講義にかかわらないものでも構いません）。
> また、今日の講義について感想があれば、記してください。講義について、要望があれば、記してください。

回収した「アンケート」は、毎週、帰りの電車の中で読むことにしています。そして、質問には可能な限り、翌週か翌々週の授業のときに答えるようにしています。学生諸君の感想、要望なども、授業を行う際の参考にしました。時には、学生諸君が、私の話したことと全く違う捉え方をしたり、誤解したりすることもありました。「教える」という技術をもたない〃素人教員〃の悲しさで、大いに反省させられました。また、学生諸君がもっと詳しく知りたいという要望があれば、そのテーマで3～4週続けたこともありました（さすがにそのときには、かなりの学生諸君から文句が出ましたが）。そのため、当初予告していた講義内容と異なる授業になることもしばしばありました（それに対する学生諸君の意見は、賛否両論でした。初めに予定した通りの講義をすべきだという学生もいましたが、無視しました）。

何年か経つと、質問の内容から、学生諸君がどのようなことに関心を持っているのかが少しずつ分かってきました。それで、博物館学を勉強している学生諸君が関心をもっていることについて書かれた本があれば良いのではないか、と考えました。それでこの本を出版することにしました。

したがって、「博物館学」と言っても、学術的でなく、また体系的でもありませんし、博物館学を学ぶ上で必要なことでも、取上げていないことがたくさんあります。博物館学を学ぶ学生諸君が、〃外側〃から博物館・美術館を見たときに抱く疑問に答えたものです。

ほとんどの質問は、実際に学生諸君から出されたものですが、そうでないものも若干あります。答えの中には個人的なものもあり、本に書くのにふさわしくない所もありますが、授業では、面白いと言ってくれる学生諸君がいましたので、敢えて書くことにしました。

最後に、お断りしておきたいことがあります。学生諸君からの質問に対する答えとして、先学諸氏の論稿をコピーし、学生諸君に配布し教材として使わせていただきました。本書を書くにあたっては、それらの論稿を参照、引用させていただきました。本書の性格上、注の形で個別に引用文献を記していませんが、各項目の末尾に参考文献として一括して記しました。これにより、引用文献を示すとともに、詳しく調べたい学生諸君の便宜を図りました。

目次

I章　総論

総論として、まず「博物館学は、何の役に立つのか?」。私が学生だったときは、このような質問をする学生はいませんでしたが、最近はこういう質問も珍しくありません。

大学で年度当初に開かれる博物館学芸員課程のガイダンスでは、しばしば学芸員の資格を得ても学芸員になることは極めて難しい事が強調されます。そのため、ほとんどの学生は博物館学を学んで学芸員の資格を得ても、自分は学芸員になれないと思っています。したがって、はじめから博物館学を学ぼうとする意欲も乏しくなってしまいます。

今日、資格を得ても学芸員になるのが難しいのは事実です。しかし、学芸員にならなくても、博物館学を学ぶことは、どのような仕事に就くにしても役立つのだ、と答えました。やや我田引水と見られるところもありますが。

「博物館の経済効果」は、近年注目されてきたことですが、ここでは主に上山信一氏の論稿に拠りながら答えました。博物館の運営費が削減され、閉館される博物館・美術館がでてくる状況では、このような観点から博物館を論じることも必要と考えます。

Q 博物館学は何の役に立つのですか？

今大学で、博物館学の授業を受けています。目的は、資格をとるためであり、あまり熱心には授業を受けていません。それというのも、博物館学を担当している先生が、「学芸員の資格を取っても、学芸員になるのは難しい」、と言うので少しやる気をなくしてしまったからです。でも、学芸員課程を受講するときにお金を払ってしまったので、もったいないから学芸員資格は取ろうと思っています。

それにしても、資格を取っても学芸員になれないのなら、何のために博物館学を勉強するのでしょうか。博物館学は、何かの役に立つのでしょうか。

A ―毎年多数の学芸員資格を取った学生が大学を卒業していますが、その中で博物館学芸員になるのはごくわずかです。毎年、7千～8千人の有資格者が生まれ、そのうち数パーセントしか学芸員にならないと言われています。そのため、大学は学芸員になれそうもない学生に学芸員資格を乱発している、との批判も起こります。

また、学芸員資格授与が、大学の中だけで完結すればよいのですが、ほとんどの大学は博物館をもっていないので、学外の博物館で実習や施設見学などを行います。それで、受け入れ博物館に負担をかけるため、博物館側からは、学芸員になるつもりもない学生のために時間を潰されるのはたまらない、という苦情も出てきます。

このような状況であるため、現在、学芸員資格授与について検討されていますが、結論が出るのはだいぶ先のことになるので、当分この状況が続くでしょう。

ミステリ作家・北森鴻さんが、「モデル、ということではなく……」という一文で、自身の学生時代に博物館学を履修した経験について書いています。北森さんは、大学で博物館学の講義を受け、世田谷区内の私立美術館で3週間の実習をしました。大学を卒業し、学芸員資格を得ましたが、学芸員にはなりませんでした。しかし、彼は、次のように記しています。

「もしかしたら、大学で学んだあらゆる学問の中で、もっとも今の僕を助けてくれているのが、博物館学であり、実習生時代のT（実習先の私立美術館学芸員――引用者注）さんとのやりとりであるかもしれない。」

学芸員資格を取って卒業した学生が全てミステリ作家になるわけではないので、北森さんのような例はごく稀かもしれません。しかし、ミステリ作家や博物館学芸員にならなくとも、博物館学は役に立つと考えています。

教育課程に総合学習が取り入れられてから、学校と博物館の連携が強まっています。そこで、いつも博物館関係者（学校から博物館へ派遣された教員を含めて）から言われるのが、学校の先生が博物館のことを知らない。また、知ろうともしない。先生達が、もっと博物館のことを理解してくれれば、学校と博物館との関係はもっとよくなるのに、ということです。

一九九六年に開館した滋賀県立琵琶湖博物館は、開館以来、子どもを対象にした講座に力を入れてきました。年間1万3千人が体験学習をするほか、九八、九九年には、「びわ湖・ミュージアムスクール」で、小・中・高校のモデル校三校の子どもたちが、数ヵ月かけて研究しました。それでもまだ、博物館の「生かし方」は学校側に充分知られていない、と考えています。

愛知県刈谷市立美術館の学芸員・松本育子さんは、市内の小学校へ「出前授業」で美術鑑賞の授業をしています。図画工作の専科の先生でさえ、鑑賞をどのように教えていいのか分からず、学校側の「お任せ」の姿勢は変わっていません。そのため、「先生の理解者を少しでも広げていきたい」と意気込んでいます。

平成4年（一九九二）から5年ほど、川越市立博物館に指導主事として勤めた平野秀昭氏は、学校教育と博物館との連携に努めました。しかし、着任当初は、多くの教員は子供たちを連れて博物館に行ったら、学芸員や展示解説員がなにか授業のようにやってくれると期待していたようでした。博物館ではワークシートを考えたり、用意したりで苦労していました。それでは、教員が博物館に任せきりになってしまうと考え、単なる利用ではなく、「活用」をしてもらいたいと考え、「どういうプランでこられますか」と教員に授業プランを出してもらうことにしました。すると、「私たちはやることがたくさんある。博物館にはそれに相当するスタッフがいるではないか」と逆にお叱りや文句をもらう羽目になりました。しかし、それでも説明、説得をすすめてゆきましたが、批判がなくなり、理解してくれるまで3年ほどかかった、と言っています。

学校の先生になろうとする学生が、博物館学を勉強し、多少なりとも博物館のことを知るようになれば、学校と博物館との連携は、もっとうまく進むと思います。そして、そういう先生が増えれば、将来、両者の関係は良好なものとなることが期待できます。

近年、旅行社のツアー企画も多様になっています。ヨーロッパの有名博物館・美術館を見て回るツアーは従来からありましたが、テロにより海外旅行を控える人が増えたせいか、近年は、国内の博物館・美術館をバスで回るツアーも次第に多くなってきました。私も、そのようなツアーを企画する旅行社の人と話をしたことがあるのですが、博物館・美術館のことをほとんどわかっていないようでした。こちらの言うことが理解できていないようでした。恐らく、その人は仕事以外で、博物館・美術館などへ行ったこともないのでしょう。ただ、上司から博物館・美術館を回るツアーを企画しろ、と言われたのでしょう。そのようにして作った企画なので、面白いはずがありません。これでは、博物館・美術館を周るツアーがこれからも続くかどうか疑問です。その旅行社に一人でも博物館・美術館のことがわかっている人がいれば、もっと違った、もっと魅力あるツアーが企画できたことでしょう。また、企画担当者は、博物館・美術館との折衝も容易になり、旅行もスムーズに行き、トラブルも起こりにくいでしょう。

博物館・美術館は、さまざまな仕事を外部に委託しています。その中の一つに、印刷物の作成があります。展覧会にかかわるものでは、ポスター、チラシ、カタログ、チケット、出品目録などがあります。展覧会にかかわらないものでは、館概要パンフレット、館だより（年3～6回発行）、年間予定表、年報、紀要などです。

美術館の印刷物作成の際問われるのは、美術館としてのセンスです。公立美術館だからといって、役所のほかの部署で発行する印刷物と同じように考えられては困ります。どこの役所でも、上からは、地元業者に発注するようにと言われるようですが、はっきりいって、地元の小さな印刷屋では、美術館が発行するまともな印刷物の製作は期待できません。

きちんとした印刷仕様書を作り、的確に指示すれば、どこの印刷屋でもよいものが作れる、と言う人がいますが、やはり、技術力の差が出ます。ポスター、チラシですと、レイアウト処理、カタログ、年報などになると、編集作業が入ります。レベルの高い印刷物を期待するのであれば、ある程度の力のある会社に頼むしかありません。その際、相手の担当者が、博物館・美術館のことをどの程度理解してくれているかどうかが、成果の差になります。印刷物の作成会社に勤め、博物館・美術館の仕事をすることにでもなれば、博物館学は大いに役立つでしょう。

この他にも、博物館学の勉強は学芸員にならなくとも、さまざまな仕事に就いても役に立つと考えています。

＊鈴木京一「子供たち殺到、博物館困った」（朝日新聞２００２年３月５日、朝刊）
＊北森鴻「モデル、ということではなく・・・・」（『本』２００２年６月号）
＊平野秀昭「博物館と学校のすみ分けと教員の博物館体験を」（『月刊ミュゼ』56号、２００３年）
＊中川　修「学校教育と博物館」（『博物館研究』４１７号、２００３年）
＊清水久夫「教育普及活動としての博物館実習」（『世田谷美術館紀要』第７号、２００４年）

Q 博物館とは、どのような施設ですか？

博物館とは、東京国立博物館、国立科学博物館、神奈川県立歴史博物館のような施設のことをいうのかと思っていたのですが、動物園や水族館も博物館だと聞いて驚きました。そもそも、「博物館」って、何ですか。

A　博物館の定義、事業、職員などについて、および登録制度、公立博物館、私立博物館の設置などに関する国や教育委員会の責務を示した法律として「博物館法」があります。その「博物館法」では、博物館は、次のように定義されています。

歴史、芸術、民俗、産業、自然科学等に関する資料を収集し、保管（育成を含む。以下同じ。）し、展示して教育的配慮の下に一般公衆の利用に供し、その教養、調査研究、レクリエーション等に資するために必要な事業を行い、あわせてこれらの資料に関する調査研究をすることを目的とする機関（社会教育法による公民館及び図書館法による図書館を除く。）のうち、地方公共団体、民法第34条の法人、宗教団体又は政令で定めるその他の法人が設置するもので第2章の規定による登録を受けたものをいう。

これによれば、博物館とは幅広く、歴史博物館、郷土資料館、文学館、美術館、民俗博物館、科学博物館はもとより、植物園、動物園、民家園、記念館、資料館も含まれます。「○○博物館」という名称であるかどうかは関係ありません。

また、博物館とは、資料を収集・保管し、展示するだけでなく、調査研究をする機関でもあります。設置者は、地方公共団体、財団法人、宗教法人などに限定されます。さらに、この法によれば、博物館とは、博物館法に定める規定による登録を受けたものに限られます。登録するには、所在する都道府県の教育委員会に申請し、登録されるのですが、必要な要件として、博物館活動を行うために

1．博物館資料があること　2．学芸員その他の職員がいること　3．建物及び土地があること

4．年間150日以上開館すること

が必要です。

昭和27年（一九五二）に文部省から各都道府県教育委員会に「博物館の登録審査基準要項について」が通知されていて、その要項に沿って登録を行っています。

以上が、博物館法に定められた狭義の博物館ですが、実際には、登録されていない博物館（博物館相当施設、博物館類似施設）が登録博物館よりも多く、はじめに述べたような活動をしている施設を広く博物館とよんでいます。しかし、展覧会のみを行うデパートの展示場、プラネタリウムあるいは遊園地、アミューズメントパークも資料を所蔵していないので〝博物館〟とはいいません。

博物館の機能は多岐にわたりますが、博物館法の精神を尊重すれば、博物館とは、資料の収集、展示、教育普及活動を行うとともに、〝資料に関する調査研究を目的とする機関〟であるといえます。

近年、国立博物館、国立美術館が独立行政法人化され、また、地方自治体の財政悪化により博物館の事業費が削減され、博物館の運営にも採算性が求められています。そのような時、博物館にとって最も重要な機能である調査研究が、採算性の名のもと縮小さらには廃止される危機にあります。展覧

会も学芸員の調査研究の成果によるものではなく、派手で多くの入場者が見込まれる展覧会を展覧会企画会社から〝買う〟ような事も見られます。財政がどのように厳しいものになろうとも、博物館は調査研究をする機関であるという博物館法の精神を忘れてはならないでしょう。

Q 博物館の経済効果とは何ですか？

以前、あるプロ野球の球団が優勝したとき、「百億円の経済効果がある」、というように、「経済効果」という言葉がよく聞かれました。最近、「博物館の経済効果」ということを聞きました。博物館の経済効果って、何ですか。

A—最近日本でも、何かにつけ、〝経済効果〟という言葉が聞かれるようになりました。中には、首を傾げたくなるようなものもありますが、〝経済効果〟という言葉も、すでに定着した感がありま す。

アメリカでは、お国柄を反映してか、博物館の経済効果についての調査研究が盛んに行われていま す。ここでは、上山信一氏の「ミュージアムの経済効果」により、アメリカ、フランス、スペインにおける博物館の経済効果についての調査研究を紹介します。

バージニア美術館（アメリカ・リッチモンド）は、バージニア州立大学の協力を得て、一九九九年5月から11月に開催したエジプト展の外部経済効果を測定しました。外部経済効果とは、館の施設の拡張や企画展の投資がもたらす経済効果をミクロの視点で評価するものです。

エジプト展の入場者は、6ヶ月で25万人弱。このうち62％が域外からの来館者でした。来館者の満足度は高く、総合満足度調査では、98％が Excellent もしくは Very Good と答えました。域外からの来館者によるリッチモンド市と周辺地域での直接消費は、約8億円（800万ドル）でした（入場料を除く）。この額は、他地域からの観光客の食事、ホテル、おみやげ、会場内での買い物、交通などの消費が主ですが、企画展を開くために、地元から購入された資材や、そのための臨時の地元の人のアルバイト、スタッフの食事代なども含みます。さらにそこから派生した間接経済効果は、約11億7千万円でした。これは、直接消費としていったん他地域やミュージアムから地元に落とされた資金が、さらに域内で使われた額です。例えば、1億円が地元にもたらされると、その収入を得た個人や企業はさらに新しい需要を生み出します。臨時収入ができたので、家の修理をしたり、家族で外食をするなどし、あらゆる形態の新規需要が地元で発生します。それがまた、さらに新たな需要をもたらします。こうした需要の総計が1億6千万円だったとすると、乗数係数は1・6となります。このように、ミュージアムは公共投資や減税の乗数効果に決して見劣りしない経済効果を地域経済に大きく貢献していると言えます。

一九九七年、フランス文化省は、博物館がもたらす観光経済効果の調査を行いました。一九九六年にパリを訪れた観光客は約1、212万9千人で、このうち3つ以上の文化施設や遺跡を訪れた「ミュージアム旅行者」は298万人でした。主な訪問先は、ルーブル美術館、ベルサイユ宮殿、エッフェル塔でした。一方、ホテルの宿泊客は外国人が7割でした。フランス人の宿泊数は平均2泊弱。外国人は3泊強でした。以上を総合すると、ミュージアム旅行者がもたらすホテル需要は、外国人が630万人・泊、フランス人が180万人・泊となります。一方、食事、交通費などパリで彼らが1日平均使う金額は、外国人が2万円（900フラン）、フランス人が1万6千円（800フラン）でした。これらを総計した年間の直接消費は1兆5千億円から2兆1千億円と試算されました。

スペイン、バスク地方の主要都市ビルバオは、産業革命後に造船や製鉄業で栄えましたが、近年衰退の一途をたどり、失業率は25％にも達しました。また、犯罪率の上昇に加え、テロリスト集団

ＥＴＡの本拠地として、マイナスイメージが強まりました。バスク州政府は、ビルバオの復興を決意し、グッゲンハイム財団に働きかけ、州政府が約１３０億円を投資し、グッゲンハイム美術館の分館建設を決めました。そして、一九九七年にフランク・Ｏ・ゲーリー設計の美術館が開館しました。開館後は、1年間で目標の50万人を大きく上回り、１５０万人を集めました。今では、同館は街のランドマークとなり、世界中から観光客を集め、ビルバオは見事に芸術の街として再生しました。フィナンシャル・タイムズ紙は、同館が開館後３年間で約５５０億円（約5億ドル）の経済効果を生み出し、約１１０億円（約1億ドル）の税収をもたらしたと分析します。

このように、アメリカ、フランスでは、博物館の経済効果について調査されていますが、日本ではほとんどなされていません。上山氏は、その理由を４つあげています。

（1）ミュージアムへの投資は公共事業の一つとして行われてきた。

公共事業の場合、開館後に地域経済にもたらす経済効果よりも、建設工事がもたらす雇用や工事自体の乗数効果に注意が払われる。

（2）文化を経済や観光と切り離す傾向が強い。

文化関係者の間に、文化は数字で論じてはいけないという抵抗感があった。

（3）文化行政は、地域の経済振興とは無関係という行政機関のタテ割りの風土。

一部自治体では、首長部局で文化行政を考えるようになり、少しは改善されたが、依然根強い。

（4）行政マンや政治家のミュージアムについての認識不足。

21世紀のミュージアムは、観光客のみならず才能人材と企業を集積させるパワフルなマグネット装置となる。欧米では空港建設や工場誘致並みの関心でミュージアムの誘致が政治の場で語られる。これに対し日本の場合、「ミュージアム＝余暇やレジャーの場」という発想を超えない。つまり、ぜいたくの対象でしかない。この典型が「財政危機だから、ミュージアムのようなぜいたくは控える」という了見の狭い発想である。実は全く逆で、これからのミュージアムは地域に富と雇用をもたらす。ミュージアムは消費の対象ではなく投資の対象なのである。そう考えた時に初めて経済効果の測定の意義が出てくる。

世田谷美術館に在職していたとき、大規模展を開くと、「料金収入が増加する」と言って、バス会社から感謝されました。また、最寄の駅、田園都市線・用賀駅では、大規模展を開いたとき、「料金収入が増加した」、と言っていました。駅から美術館まで、往復ともバスを使った来館者が200人いたとすれば、210円×2×200人＝84、000円で、1日8万4千円の売上があります。美術館で展覧会を見た帰りに、千人が用賀駅で渋谷駅までの乗車券を買ったと考えれば、200円×1、000人＝200、000円で、1日20万円の売上になります。美術館では、その見返りに、バス車内や駅に無料で展覧会ポスターを貼ってもらいます。

上野には、大きな博物館・美術館がいくつもあり、大勢の人々が訪れ、休日などは周辺のレストランは、入りきれないほど多くの人が利用します。交通機関を考えると、上野駅では、JR、東京メトロともに乗降客が急増します。最近は、プリペイドカードが普及したので、自動販売機で乗車券を買う人は少なくなりましたが、少し前までは、駅では、乗車券を買い求める人たちの長い行列がよく見られたものです。数字の上ではっきりと出てはいませんが、経験上、博物館・美術館が経済効果をもち、地域に富をもたらしているのは間違いないでしょう。

美術館が富をもたらすことに気づいた商店街も出てきました。江東区木場にある東京都現代美術館は、東京メトロ半蔵門線清澄白河駅から歩いて10分ほどのところにあります。この駅が出来た時、清澄白河駅を利用する来館者の多くは、駅から美術館まで、清州橋通り、三ツ目通りという大通りを歩いて来ました。そのような案内板が設置されていたからであり、広い通りを歩いたほうが分かりやすいからでもあります。ところが今では、来館者は駅から美術館への行き帰り、商店街を歩くようになりました。地下鉄の駅から地上へ出ると、間もなく、美術館への案内板が見え、それにしたがって歩いて行くと、商店街へと導かれます。その商店街を進むと、路の角々に美術館へと導く案内が設置されています。さらに、ピカソ展のような大きな展覧会が開かれるときには、展覧会名が書かれた幟が立てられます。清澄白河駅から美術館へ歩く人たちは、みな商店街の中を歩くようになっています。やや寂れた感のある下町の商店街ですが、美術館が展覧会を開いている時は、人通りが絶えることはありません。商店街は、美術館へ来る人たちに狙いを定めています。店構えもクラシックなものにし、照明も裸電球で、昔なつかしの品々を並べている店がいくつもあります。店先で焼き鳥やうなぎの蒲焼を炭火で焼いて、煙をあげている店もあります。下町情緒を〝売り〟にしています。飲食店、商店の売上が伸びていることは間違いないでしょう。

この美術館の建設時には、多額の建設費や運営費あるいは高価な美術作品の購入に対し、厳しい批判が浴びせられましたが、今では地元商店街に繁栄をもたらし、税収の増加に貢献していることは間違いありません。一時、東京都現代美術館を廃止したほうがよいという声があがったことがありましたが、もし今、閉館するようなことがあれば、地元商店街を中心に反対運動が起こることでしょう。数値化できないのが残念ですが、美術館を訪れるのは、高学歴、高収入の人が多いという調査結果もあるので、かなりの富を深川の商店街にもたらしていることでしょう。

北海道の旭川市旭山動物園では、二〇〇四年7月、8月の月間入園者数が上野動物園を上回り、日本一になりました。8月の入園者数は約32万人で、上野動物園を約9万人上回ったのです。動物が本来持つ能力や魅力をふんだんに見せる独創的な工夫で、一躍全国区の人気スポットになったためです。二〇〇三年には、年間入園者数は82万人になりましたので、二〇〇四年の年間入園者数は、それをかなり上回るでしょう。旭川で泊まる人も増え、小野寺保・旭川大学教授によると、市全体への経済効果は80億円を下らない、とのことです。動物園に年間82万人が訪れ、経済効果が80億円だとすると、一人当たり9，756円になります。市内に泊まれば、宿泊費と食事代、交通費で少なくとも1万円は使うでしょう。泊まらなくても、食事代、交通費、みやげ物などで、2千〜3千円くらいは使うでしょう。また、入園者が多いと、園内の案内や園内整理、清掃するアルバイトも必要でしょう。その人たちに給料が支払われ、その一部が食事代、交通費として支払われます。このように考えると、経済効果が80億円を下らないというのも、現実的な話のように思えます。

倉敷市を訪れる観光客の数は、今日では減少していますが、一時は年間800万人を超え、そのうち半数以上は、大原美術館を中心とした美観地区を訪れました。この地区には、近隣にある倉敷市立美術館、市立自然史博物館など、公立・私立の博物館、文化施設が十数館あり、みやげ物屋、喫茶店、レストランが多数あります。ホテル、旅館も数百軒あり、美術愛好者の滞留客も多いといいます。大原美術館の経済効果は、旭山動物園以上であることは間違いないでしょう。

上山氏も述べているように、ミュージアムは、道路や橋を造る公共事業に劣らぬ経済効果があり、決して「カネ喰い虫」ではありません。博物館・美術館に注いだ金に相当する経済効果が得られ、それは税収の増加に結びつきます。

ただし、道路や橋を造る公共事業と違って、博物館・美術館へ注いだ金は、政治家に戻ってきません。

＊岩渕潤子「日本の美術館」（『美術館の誕生』所収、１９９５年、中央公論）
＊上山信一「特集連載・ミュージアム評価　第３回・４回〔ミュージアムの経済効果その１・その２〕」（『新美術新聞』２００３年２月21日号、３月１日号）
＊上山信一・稲葉郁子『ミュージアムが都市を再生する』（２００３年、日本経済新聞社）
＊魚住ゆかり「フロント・ランナー　旭川市旭山動物園長・小菅正夫さん」（朝日新聞２００４年10月23日）
＊安田秀穂「文化産業の運営と地域経済活性化の相反」（『アートマネジメント研究』第５号、２００４年11月）

Q 「博物館」という名称は、自由に使えるのですか？

江ノ島へ遊びに行ったとき、みやげ物屋が並んでいるなかに、「世界の貝の博物館」と書いてある看板を見かけました。入り口には、入場無料と記されていましたが、その建物は、どう見ても〝みやげ物屋〟にしか見えませんでした。そんなものでも、「博物館」と名乗ってよいのでしょうか。

A―日本では、「博物館」という名称を用いることについて、何の制限もありません。ですから、どのような施設であっても、「博物館」と称して一向にかまいません。横浜には、「ラーメン博物館」、「カレー博物館」という名の、複数の〝店〟が入っている施設があります。自宅の一室を改造し、自分の「お宝」を展示する施設を造り、それに自分の名を冠して、「〇〇博物館」と名乗っても良いのです。

病院・医院、学校、保育園など、多くの施設は一定の基準を満たし、許認可を得なければそれらの名称を使えません。医療法には、〈名称の使用制限〉があり、それには、「第3条　疾病の治療（助産を含む。）をなす場所であって、病院又は診療所に紛らわしい名称を附けてはならない。」と記されています。学校教育法にも、〈名称の使用制限〉があり、「第83条の2　専修学校、各種学校その他第1条に掲げるもの以外の教育施設は、同上に掲げる学校の名称又は大学院の名称を用いてはならない。」と記されています。しかし、博物館については、そのような名称使用制限はありません。

現在の博物館法には使用制限はありませんが、かつては法律に基づかない「博物館」は、博物館の名称を使ってはならないという法律が施行されようとしていました。博物館法成立の歴史を簡単に見てみましょう。

昭和15年（一九四〇）、皇紀二六〇〇年記念事業として各地に博物館設立が進む中で、文部省は、日本博物館協会の山脇春樹、棚橋源太郎、水野常吉を調査委員に委嘱し、10月7日、文部省主催「博物館令制定ニ関スル協議会」を開催し、会議資料として、わが国における条文化された最初の博物館法案、「博物館令（勅令案）」、「博物館令施行規則（省令案）」、「博物館ノ設備及経営ニ関スル事項（告示案）」、「公立博物館職員令（勅令案）」が提出されました。その内容は、博物館の目的（第1条）、公立博物館学芸員の設置（第9条）など、当時の水準からみるとかなり高度なものでしたが、その13条には、

本令ノ規定ニ依ラザルモノハ博物館、美術館、動物園、植物園、水族館ト称スルコトヲ得ズ

とあり、「博物館」という名称の使用についての名称使用禁止がありました。この法令は昭和16年（一九四一）4月1日より施行するはずでしたが、博物館は戦時遂行上無用のものとみなされ、法令の成立はなりませんでした。

戦後の教育改革の動きの中で、昭和21年（一九四六）7月、日本博物館協会は、「法律案・施行方針調査会」を発足させ、9月には中央博物館構想、名称使用制限等、戦前の「博物館令案」をほぼ下敷きとした「博物館並類似施設に関する法律案要綱・本邦博物館、動（植）物園及び水族館施設に関する方針」を発表します。さらに、11月には戦後初の全国的規模の会議である、文部省、日本博物館協会主催「博物館並類似施設振興に関する協議講習会」（博物館大会の前身）を開催し、協議の上、

これを文部省へ進言します。しかし、これ以降、現実の博物館再建、博物館の新設への対処が主な活動となり、法制化のための活動はほとんど行われませんでした。

昭和21年（一九四六）11月3日に日本国憲法が公布され、22年（一九四七）3月には、教育基本法が公布され、教育改革の一連の制度化がなされました。教育基本法第7条「社会教育」の項には、「国及び地方公共団体は、図書館、博物館、公民館等の設置、学校の施設の利用その他適当な方法によって教育の実現に努めなければならない」と明記され、博物館が法制上初めて教育施設として位置付けられることとなりました。この法律に基づき、昭和24年（一九四九）6月、幾多の変遷を経た社会教育法が制定公布されました。第9条には、「図書館及び博物館は、社会教育のための機関とする。2．図書館及び博物館に関し必要な事項は別に法律をもって定める」と記され、社会教育機関としての単独法化が決定されることとなりました。

昭和25年（一九五〇）1月、戦前から博物館法令化運動の中心に位置していた日本博物館協会専務理事、棚橋源太郎は、戦後最初の条文化された法案として全8章90条におよぶ「博物館動植物園法」をまとめ、文部省へ検討資料として提出しました。その内容は、戦前の「博物館令案」を下敷にしたもので、「この法律によらないものは博物館、動物園、植物園または水族館の名称を用いてはならない」（第10条）とあり、「博物館」という名称使用には規制がなされていました。

昭和25年（一九五〇）6月、図書館法、文化財保護法が制定されたのを機に、文部省では博物館法制化のための準備に入りました。10月、博物館関係者との研究会を経て、文部省としては初めての「博物館法案要綱案」がまとめられ、一部関係者の検討が始まりました。その内容は、図書館法をモデルに、国立博物館、学校附属博物館を除く公私立博物館のみを対象に、その設置を公立博物館の教育委員会所管、私立博物館の届出制とし、それ以外を「博物館類似施設」としたもので、その後文部省による博物館法制化の基本となったものでした。ここには、「博物館」の名称使用制限はなくなりました。

昭和26年（一九五一）12月、博物館法は法律第285号として成立し、翌年3月1日から施行されることになりました。すでに述べたように、この法律では、名称使用制限制がなくなり、誰でも自由に「博物館」の名称を使えることになりました。

＊伊藤寿朗「博物館法の成立とその時代」（『博物館学雑誌』第1巻第1号、1975年8月）
＊金子淳「〝日本的〟博物館登録制度の歴史と現状」（『月刊ミュゼ』2000年4月号）

Ⅱ章 組織

この章では、博物館の組織をめぐる問題を扱いました。まず初めに、博物館の組織のあらましについて答えました。ついで、博物館内での学芸員と事務職の関係について。博物館・美術館に勤めている者にとっては当たり前のことであっても、外からはなかなか見えないものです。

館長職については、博物館活動を考える上では極めて重要な問題ですが、博物館学に関する本で抽象的には触れられても、具体的な問題としてはあまり論じられてきませんでした。

財団運営の公立博物館が近年増加しているので、それについて答えました。私が以前勤めていた世田谷美術館は財団運営でしたので、そこで見聞したことが中心になっています。〝県立並美術館〟というのは、最近ではあまり聞くことはなくなりましたが、世田谷美術館の建設が計画されていた20数年前にはよく使われていました。

最後に監視員について。笑い話でなく、展示室に座っている人を学芸員だと思っている学生が本当にいるのです。

Q 博物館の組織はどのようになっているのですか？

博物館では、トップに館長がいるのでしょうが、その下にはどういう人がいるのでしょうか。博物館組織は、外から見たのではよく分かりません。

A―博物館の種類、規模により組織は若干異なります。数十人以上の職員がいる大規模な博物館もあれば、15人程度の職員がいる博物館や、数人だけで運営している博物館もあり、それらが同じであるはずはありません。しかし、どのような規模の博物館であっても、大きく見れば、博物館活動の専門スタッフが属する学芸部門と、庶務スタッフが属する事務部門があり、それらを統括する館長の三者からなっています。

館の規模が大きくなれば職員の人数が多くなり、館長の下に副館長・次長が置かれます。そのときは、館長が専門職の場合は、副館長・次長に事務職をあて、館長が事務職の場合は、副館長・次長に専門職をあてることが多く見られます。

事務部門は、ある程度規模が大きくなれば、管理係（人事、施設管理、調整等）と経理係（予算、経理、ミュージアム・ショップ等）に分けています。一般貸出する展示室（市民ギャラリー）、非常勤・アルバイトの受付担当職員、監視員の出勤などは管理係が担当するところが多いようです。

総合博物館では、学芸部門を歴史、民俗、考古学、美術、動物学、植物学などの分野ごとに係をつくるところがあります。この場合、係間の異動は、まずありません。

美術館などの「単科博物館」では、日本画、洋画、版画、彫刻、工芸というように扱う資料により係を分けることもありますが、担当事業により係を分けることがあります。例えば、主に展覧会を担当する企画係、主に資料の収集・保管を担当する資料係、講座、ワークショップ、パフォーマンスなどを担当する教育普及係という3係に別ける美術館があります。あるいは、企画係と資料係を一つにして学芸係とし、学芸課を学芸係、教育普及係の2係体制にしている美術館もあります。学芸課を2係ないし3係にするとき、美術館・博物館の業務に格差はないはずですが、教育普及係より資料係が上、資料係より企画係が上、というように差が出てしまうことがしばしばあります。

日本の博物館では、望ましい学芸員像として、学芸業務全体に通じていることがあり、そのためには3〜4年ごとに所属係を換えるべきである、という考えがある一方、学芸業務も高度に専門化しているので、担当業務を換えることなく、専門分野を深化させるべきだ、という考えがあります。博物館運営の上では、それぞれ一長一短がありますが、異動がほとんどない専門職の博物館学芸員なので、どの学芸員をどの係へどのように配属させるかは、極めて複雑で、微妙な問題なので、多くの美術館、博物館で頭を悩ませているようです。

ある程度の規模の博物館・美術館には、これ以外に多くの人々が働いています。

まず、レストラン、コーヒー・ショップには、料理人、ウエイター、ウエイトレス等多くの人が働いていますが、ほとんどの博物館・美術館ではそれらの運営を外部の会社に委託しているので、博物館・美術館との間では雇用関係はありません。館内外の清掃は、近年ではほとんどがビル管理会社への委託になっています。同じように、樹木の剪定、庭の清掃・整備も造園会社へ委託しています。

警備員は、館職員であることもありますが、近年では、警備会社に委託することが多くなってきました。空調機器の運転、保守管理もビル・メンテナンス会社に委託するところが多く見られます。

このように、事務、学芸部門以外に、博物館・美術館では多くの人々が働いていますが、ほとんどは、館と雇用関係のない外部の会社の人々と考えてよいでしょう。従って、博物館の組織図の中に入ることはありません。

＊鷹野光行「博物館の組織」（加藤有次ほか編『博物館学講座12　博物館経営論』所収、１９９９年、雄山閣出版）

Q 博物館では、学芸員と事務職は仲が悪いのですか？

学芸員をしている先輩が、博物館では、学芸員が仕事をしようとすると、事務職が、「前例が無い、書類が不備だ、手続きが違う」、と言いがかりをつけ、仕事の邪魔をする、と言っていました。そこでは内部で互いに悪口を言い合い、足を引っ張り合っているようです。博物館の学芸員になりたいと思っているのですが、博物館がそのようなところかと思うと希望が持てません。博物館では、どこでも、学芸員と事務職は、仲が悪いのですか。

A—公の場で発言されることはまずありませんが、学芸スタッフと事務スタッフの関係が円滑でなく、人間関係がよくない博物館は多いようです。多いというより、大部分と思ったほうが良いかもしれません。何を基準に両者の仲が悪いというのか分からないため、調査されることがありませんので、当然ながら統計の類はありません。しかし、学芸員として長く勤め、他館の様子を見聞していれば、経験的に、多くの博物館では学芸スタッフと事務スタッフの関係はうまくいっていない、というのが分かります。

毎年、博物館学の授業で、この両者の関係について話をしています。受講生のなかには、博物館・美術館でアルバイトをした経験のある学生や、学芸員資格を取得するために博物館学を受講している中学の先生（博物館に派遣され、学芸員とともに仕事をしている）がいましたが、授業後に書いてもらった感想を読むと、両者の関係がよくないことを肯定する受講生がいても、否定する受講生はこれまで一人もいませんでした。なかには、両者の仲がよくないのは自分が勤めている博物館だけかと思っていたら、どこの博物館も同じようなものだと知り安心した、という感想を述べた受講生もいて、思わず苦笑いをしてしまいました。

職種の違う人たちが同じ職場で働くと、職種ごとにまとまり、互いに対立するのは珍しいことではありません。職種により経歴が異なり、価値観が違い、仕事の内容も違います。互いに自分達の利益を守ろうと〝連帯〟するのは当然でしょう。

室町時代にも、幕府の奉行人（行政、法律を専門とする事務官僚）と奉公衆（将軍の直臣団）が激しく対立し、武闘におよんだ事件が起こりました。

よく知られているのは、防衛庁で「背広組」とよばれる官僚組織の内局と、「制服組」とよばれる陸海空の自衛隊組織との仲の悪さです。文民統制のもと、何をするにも制服組は内局にお伺いを立てねばなりません。「内局は部隊のことをよく知らないくせに口を挟んでくる。もっと任せてほしい」と、制服組には積年の不満が募ります。内局は「彼らは部隊のことしか知らず、法案づくりや国会答弁はできない。それに、勝手にやらせると暴走しかねない」と、文官優位を当然のこととしています。防衛庁ほどの大規模な組織になると、広く世間の知るところとなりますが、このような内部での対立は、どこの組織でもあると考えたほうがよいでしょう。

学校では、教員と事務職員がいて、ほかに少数ですが、調理もいます。病院でも、医師、看護師、技師、栄養士など、直接医療にかかわる人のほか、多数の事務職員がいて、両者が協力しあって、はじめて組織が運営されて行くのです。博物館では、館長を頂点として、学芸スタッフと事務スタッフで運営しているのです。職種、専門の異なる人たちがともに働く組織は数多くあります。

ある会社が新製品を発売しました。順調に売れれば問題は起こらなかったのですが、販売実績は予想をはるかに下回りました。すると、社内でその責任のなすり合いが起こりました。営業担当の社員は、次のように言うでしょう。

「売れるものを作ってもらわないと困る。こっちがいくら売り込んでも、いいものでないと売れない。」

開発に携わった技術者たちは、こう言うでしょう。

「いくらいいものを作っても、製品のよいところを訴えないとだめだ。営業がしっかりやってくれないから売れないのだ。」

テレビドラマで、このような場面を見たことがありますが、実際にありそうな話です。

ある公立美術館のレストランの話です。レストランの店長が、美術館の事務所へ来て言いました。

「美術館が、客の入る展覧会をやってくれないから、レストランに客が来なくて困ったよ。」

これを聞いた美術館の人たちは、陰で言っています。

「あのレストランは、料理は、値段の割にうまくない。サービスもよくない。役所が後ろについているので潰れる心配がないから経営努力をしない。バブルの時代は終わった。昔と同じことをしていては、客が来ないのは当たり前だ。」

ある美術館で、内容の充実した展覧会カタログを作ったのですが、期待したほどには売れませんでした。事務スタッフのトップである管理課長（管理職）は、うれしそうに言いました。

「あんな、厚くて重たいカタログじゃ、誰も買いやしないよ。」

学芸員が総力をあげて展覧会を開き、カタログ制作にも力を入れました。力を入れ過ぎたせいで、写真の枚数、原稿量が増え、カタログが分厚くなってしまったのです。それがあまり売れなかった一因なのですが、もちろん、その管理課長はカタログを売るため方策など、一切立てようとしませんでした。カタログが売れないことを望んでいたからです。

学芸員の上司が事務職員であると、ときに学芸員の残業代の支払いを行わないようにすることがあります。役所に勤務したことがある人なら分かることですが、残業手当（超過勤務手当）の支給手続きは、民間企業などと異なります。〝形式的〟には、次のようになります。

まず、命令権者が、公務のため臨時又は緊急の必要があるときは、職員に対し、正規の勤務時間以外の時間に勤務を命じます。部下は、その命に従い、時間外勤務をします。博物館を含め、ほとんどの役所にはタイムレコーダーがありませんから、職員は、残業した月日、時間、勤務内容等を「超過勤務等命令簿」に記入し、毎月提出します。これに命令権者が承認印を押して、はじめて超過勤務手当が支給されるのです。

博物館では、事務職員は、夜間開館などがあるとき以外は、時間外に働くことはほとんどありません。それに対し、学芸員は企画展を担当すれば、会期が迫ってくると、作品借用の書類作成、カタログ作成など、山ほどある準備作業で夜遅くまで残ることがあります。命令権者に命じられて超過勤務をするわけではありません。学芸員の仕事を把握できない、あるいは理解しようとしない命令権者は、その残業を認めようとしません。命令権者の言い分は次のようです。

「誰も時間外に仕事をしろなどと命じていない。学芸員が勝手に夜残って働いているだけだ。これは、時間外勤務として認められない。だから、超過勤務手当は支給出来ない。」

「学芸員は好きで夜遅くまで仕事をしている。早く帰ればいいのだ」と言われても、展覧会の会期は決まっているので、間に合わないからといってそう簡単に変更できません。どうしても、時間外に働かざるを得ません。それを「勝手に夜残って仕事している」と言われて、腹を立てない者などないでしょう。いうまでもなく、ここでいう命令権者とは、組織により異なりますが、学芸員の上司である係長、課長、副館長、館長などの職名を持つ人たちです。

学芸員は、超過勤務手当だけでなく、調査に出かける時の交通費をもらえないこともあります。旅費も同じように、〝形式的〟には、命令権者が発する旅行命令によって旅行する場合に支給されます。職員は、命令権者の命により旅行し、それに要した交通費等の支給を受けます。近接地の出張であれば、毎月「旅行命令簿兼旅費請求内訳書」を提出しますが、それに命令権者の承認印が無ければ旅費は支給されません。学芸員が館外に調査に行こうとするときには、学芸員は命令権者の許可をもらいます。その場合、すんなりと許可をもらえるとは限りません。何を調査するのか、何のために調査するのか、調査する必要があるのか、などとしつこく聞かれることもあります。命令権者が素人であれば、説明してもなかなか理解できません。それで、結局許可されない時もあれば、また、露骨に嫌な顔をされたうえで許可されることもあります。学芸員はうんざりし、嫌な思いをするのなら休暇を取って調査に行くほうが良い、と考えるようになります。休暇を取って調査に行くのですから、当然交通費はもらえません。こうなると、学芸員の調査活動は低下し、それは博物館の質の低下を招きます。

ここに記した、博物館・美術館に関わることは、信じられないかもしれませんが、いずれも、私がこれまでに実際に見聞したことですし、また今でもどこかの美術館や博物館で起こっているかもしれません。

では、どうして、博物館の学芸スタッフと事務スタッフの仲が悪くなるのか、公立博物館について、考えられる要因をいくつか述べてゆきます。

［〝星の数〟］

官僚制の基本原理を、マックス・ウェーバーは次の5つに整理しています。

① 決められたルールに必ず従う。
② 公務員は、私心を殺し、システムの一員として決められた業務、意思決定をする。
③ 公務員は、職位を根拠に権限を行使する。職位を離れると、何ら権限は行使し得ない。
④ 業務は決められた手続きに従って行う。公務員の個人の判断に基づく裁量行為は許されない。
⑤ 命令や手続きは、書類に書かれたものでなければならない。

官僚制は、かつては王や貴族の思いつきで運用されていた政府と権力にたがをはめるという意味がありました。こういうルールがなければ民主政府は機能しません。権力の濫用を防ぐ大事な原理です。今日でも、それは生き続けています。

地方公務員法第32条には、

「職員は、その職務を遂行するにあたって、法令、条例等に従い、かつ、上司の職務上の命令に忠実に従わなければならない。」

とあります。つまり、役所では、職員は、上司の指示、監督のもとで仕事をするのです。〝星の数〟（職階）の上位の者には、よほどのことが無い限り従わねばなりません。基本的には、民間会社でも同じでしょう。ですから、官庁や大企業で、とんでもない、信じられないような不祥事が起きて、世間を騒がせます。職階が下位のものは、不正を知っても、間違っていると思っても、上位の者に反対意見を言うことはめったにありません。事務職は、上位の者に逆らうと自分の得にならないことを経験上よく知っていますから。

学芸員は、上意下達では何もできません。〝星の数〟など考えていたら、仕事になりません。もちろん、学芸員といえども、全部自分で決められるわけではありません。上司に報告し、了承を得ますが、基本的な枠組みは、自分で作るのが一般的です。上司の指示どおりに行う仕事はあまり多くありません。

そのため、館長や学芸課長のポストに事務職が就いたり、あるいは、開館準備期間、博物館建設準備室の責任者が事務職になり、部下に学芸員がいると、互いに不幸なことになります。ほとんどの事務の管理職は、それまで博物館の仕事をしたことがないので、博物館の仕事については素人です。それどころか、信じられないかも知れませんが、それまで一度も博物館へ行ったこともないような人もいます。部下の学芸員は専門家で、博物館のことを熟知しています。「上司の職務上の命令に忠実に従わなければならない」と言っても、上司が専門に関する知識を持たず、関心もなく、適確な命令を下せないのですから、部下の学芸員はそれに「忠実に従」うことなどできません。そのような命令に従っていては、仕事になりません。

ところが困ったことに、ほとんどの事務職の館長や課長、準備室長は、自分が素人で正しい判断ができないということが分かりません。自分が選ばれた管理職だと思っていますから。学芸員の持っている知識、専門性を否定し、〝星の数〟をかさに、力で学芸員を従わせようとします。挙句の果てに、職場で、「処分する、辞めさせる」と叫び、醜態を晒します。そして、最後に、次のように言います。「学芸員は上司の命令に従わない。そもそも、学芸員なんて、組織の中で働けない連中ばかりだ。」

［前例踏襲］

役所の仕事は、基本的に前例踏襲です。法律、条例等に反することなく、前任者が作った書類を見ながら仕事を進めて行きます。よほどのことがない限り、前例と異なる方法で仕事をすることはありません。ですから、総理大臣が声高に、「改革だ！　改革だ！」と叫んでも、期待するような変化は起きません。地方自治体でも同じで、知事や市長が「自治体経営感覚」などと言っても、組織の末端では、大きな変化は見られません。事務職員は、前例踏襲で仕事をして失敗しても、ほとんど責任を問われることはありません。ところが反対に、新しい試みをして失敗すると、場合によっては責任を問われることがあります。責任問題にならないまでも、不快な思いをします。ですから、事務職員は、何か新しいことをするのをとても嫌がります。冒険しないのが、事務職員の共通した特徴です。

では、博物館の学芸員はどうでしょうか。その自治体が、2館目、3館目の博物館を造るのであれば拠るべき前例がありますが、ほとんどの場合、博物館を造るのは初めてです。あえて、前例に近いものといえるのは、他の自治体が造った博物館です。それも、行政体が違い地域が違うので、参考にはなっても、前例にはなりません。自分達で考えて、新しい博物館を造らねばなりません。

開館後の活動についても同様です。しかも、学芸員の仕事には、創造性が求められます。全く同じ展覧会を開くことはまずありません。誰が企画するのかにかかわらず、次々に、新しい展覧会を開いて行きます。教育普及活動についても同様です。同じことを毎年繰り返していたのでは、飽きられてしまいます。マンネリは、許されません。

この両者が、同じ博物館のなかで仕事をして行くのですから、衝突が起こるのも当然です。

〔専門性〕

学芸員は言うまでもなく専門職です。しかし、事務職員も、行政の専門職であるはずです。『特別区職員ハンドブック』二〇〇四年版の「公務員倫理」の項には、次のように記されています。

「プロ意識に徹する：（中略）プロ意識に徹して、誇るに足る仕事を達成しなければならない。そうしてこそ、組織や社会への一層の貢献と、職業人としての自分自身の成長、完成が期待される。」

このように、事務職も、行政に関する専門知識を豊富に持ち、自分で考え、自分で判断しながら仕事を進めて行くべきであると書かれています。ところが、いったい何人の事務職員がプロ意識を持って仕事をしているでしょうか。

ところで、学芸員の専門性といっても、多様です。歴史博物館の学芸員であっても、歴史の専門家であるだけでは務まりません。日本の博物館は分業化が進んでいませんから、資料の収集はもちろんのこと、展示もしなければなりませんし、カタログ、ポスターなどの印刷物の作成、教育普及事業の企画・実施、ときには広報活動をすることがあります。それぞれ、レベルは異なりますが、専門性が求められます。

そして、学芸員は基本的に異動がありませんから、専門性を深め、自分の専門分野について学会や研究会での発表、学会誌への論文、報告の掲載もあり、研修会の講師として招かれることもあるでしょう。それが、刺激となり、新たな活動の展開へと結びつきます。

ところが、事務職（特に管理職）からみると、それは、面白くない事態です。公務員として仕事をしながら、それが外部の人に認められて講師として招かれる。これは、許されるべきではない。学芸員とはいえ、公務員として給料をもらって仕事をしているに過ぎないのだ、というわけです。無理解な事務職のお陰で、研究会や研修に出席できなくなった学芸員がいたと聞いたことがあります。

最近はさすがにそのようなことはありませんが、昔は、役所の中では、仕事をしない職員、仕事ができない職員、あるいは、問題のある職員がいると、「博物館へでも異動させるか」と言われていたそうです。

［上に立つものの責任］

経歴、価値観が違う異質な人種・学芸員が役所の組織に入ってくるのですから、旧来の人々との間で摩擦が起こるのは当然です。かつて、東京近郊の旧農村に、東京へ通勤するサラリーマンが新住民として移住し、旧住民との間で軋轢があったことがありましたが、役所内部では、それ以上のことが起こったのです。すでに述べたように、もともと前例踏襲することで円滑に動いてきた組織の中に、前例のない、しかも、前例を打破することによってしか自らの存在を示せない機関、博物館が生まれ、その中に、わけのわからない学芸員が、〝公務員〟という身分をもって入って来たのですから、混乱が起こるのは必至です。実際、どこの自治体でも、混乱、戸惑いは起こりました。

近年、財団運営の公立博物館が、学芸員を公務員身分にせずに、財団固有職員として雇用するところが増えていますが、学芸員に公務員身分を与えないのは、組織防衛のためではないかと勘ぐってしまいます。学芸員というエイリアンを組織の中に入れたくないのでしょう。

そこで問われるのは、上に立つ者の責任、役割です。対立する二つの集団をより高い立場から指揮、監督し、一つの方向へ進めて行かねばなりません。明確な理念、目的を持ち、リーダーシップを発揮し、異なる価値観を持つ人々を一つにまとめて行く。そのような人物が、博物館の開館に携わり、開館後も上に立っていれば、組織はまとまり、運営に支障をきたすことはありません。もう20年も前のこと、美術館開設準備室にいたとき経験したことですが、役所に入ってまだ間がない若い事務職員が、事務所で言いました。

「どうせ、俺達、美術館が開館したら、いなくなるんだ。どんな美術館が出来たって、俺達には関係ないよ。」

当時、準備室長（事務の課長・管理職）と学芸員が激しく対立し、毎日のように言い争いをしていて、事務職員はやる気をなくしていました。そのなかでの、若い職員の正直な発言があったのですが、これは、彼の個人的な考えというより、準備室にいた全ての事務職員の思いを代表していたものでしょう。多くの場合、事務職員は、博物館が開館すると、1年以内に半分以上が異動し、2年以上館に留まることはほとんどありません。事務職員がやる気をなくして、仕事がなおざりになったせいで、施設面での不備がいくつも出てしまい、館運営に支障をきたしました。彼らは、美術館で働く人たちの控え室・更衣室のことを全く考えていなかったのです。展示室に座っている監視員、館内清掃員、受付・ミュージアムショップのコンパニオンのための控え室・休憩室です。やむを得ず、他の用途のために用意していた部屋を、それらの部屋に充てました。そのため、修復室、展覧会準備室、燻蒸庫、学芸員休養室がなくなりました。結局、被害に遭うのは、館を運営して行く学芸員です。

繰り返し言いますが、上に立つ者—館長、副館長あるいは学芸課長—の責任は重いのです。館長なり副館長が有能で、博物館という組織をしっかり把握してさえいれば、事務職と学芸員の対立は起こらないでしょう。博物館という組織は、それほど大きなものではありませんから。

＊大島清次『美術館とは何か』（1995年、青英舎）
＊浜田晋介「管理職の在り方と専門性」（湯本豪一編『続　美術館・博物館は「いま」』所収、1996年、日外アソシエーツ）
＊上山信一・稲葉郁子「行政主導から地域主導へ」（『ミュージアムが都市を再生する』所収、2003年、日本経済新聞社）
＊薬師寺克行「背広と制服《窓・論説委員室から》」（朝日新聞2004年9月8日、夕刊）

Q 博物館には学芸員は何人いるのですか？

学校では、生徒や親たちは、先生が何人いるのかがわかります。博物館・美術館では、展覧会を見に行っても、何人の学芸員がいるのかわかりません。博物館・美術館には、何人くらいの学芸員が働いているのですか。

A 当然ながら、博物館・美術館の規模や館の種類によって、学芸員の人数は異なります。博物館に何人の学芸員を置くかは、法律等で定められているわけではありません。小・中学校では、法律、条例、規則などで、ひと学級の児童・生徒数が定められているので、児童・生徒数により学級数が決まります。それによって、先生の数がほぼ決まってきますが、博物館では、それとはだいぶ異なります。しかし、かつて、文部省から、〝望ましい〟学芸員の人数が示されていました。

昭和48年（一九七三）11月30日、文部省告示第１６４号として、「公立博物館の設置及び運営に関する基準」が制定されました。この「基準」は、昭和26年（一九五一）12月に施行された博物館法第8条に基づくものです。ここで、博物館を都道府県（指定都市を含む）立と市町村立に大別して、標準的な博物館の施設・設備や施設の面積、資料、展示方法、教育活動、目録の作成、開館日、職員などについて13条にわたり、「望ましい基準」を定めています。この「基準」には、法的な拘束力はありませんが、その後の公立博物館建設ブームで開館した多くの公立博物館は、施設や資料に関しては、ほとんど、この示された「基準」に達していて、これが博物館行政の上で果たした役割は高く評価されています。しかし、「基準」にある学芸員、学芸員補の人数に関してのみは全く不充分で、それが博物館活動が低迷している要因であるとされています。

「基準」による望ましい学芸員の人数は第12条に定められていますが、そこには、

「都道府県及び指定都市の設置する博物館には、17人以上の学芸員又は学芸員補を置くものとし、市（指定都市を除く。）町村の設置する博物館には、6人以上の学芸員又は学芸員補を置くものとする。」

と記されています。かつて、公立博物館に勤める学芸員たちは、この「基準」を根拠に学芸員の増員要求を行ってきました。ほぼ全ての博物館は、この「基準」を下回っていたからです。

しかし、平成10年（一九九八）の地方分権委員会の勧告に伴い、この年の12月にこの「基準」は改定されました。望ましい学芸員数を具体的に示したこの条文も大幅に改められました。改定された基準第12条には、次のように記されています。

「博物館には、学芸員を置き、博物館の規模及び活動状況に応じて学芸員の数を増加するように努めるものとする。」

ここでは、ただ単なる〝努力〟になってしまい、具体的な学芸員の人数は記されていません。さらに、平成15年（二〇〇三）6月に、文部科学省から新しい「基準」が告示されましたが、その第9条には、

「博物館に、館長を置くとともに、事業を実施するために必要な数の学芸員を置くものとする。」

と記されています。「増加するよう努める」から、「必要な数の学芸員を置く」となりました。これが進歩なのか、後退なのか、判断に迷うところです。「必要な数の学芸員」とはいったい何人なのか、また、誰が必要な人数を決めるのか。設置者である県なり市なりが、必要な数の学芸員は5人だと言

えば、それがこの博物館に必要な学芸員の人数となるのだろうか、等々、疑問は数多くあります。

ところで、実際には、博物館には何人くらいの学芸員がいるのでしょうか。平成10年（一九九八）に、日本博物館協会により行われた、1、654館の博物館から回答を得た調査によれば、学芸系職員の総数は5、128人（うち非常勤933人）で、1館当たり平均2・7人（非常勤0・6人）でした。

館種別にみると郷土博物館が、1館に常勤学芸員0・5人、非常勤学芸員0・27人。歴史博物館が、常勤学芸員1・36人、非常勤学芸員0・36人でした。

美術館では、県立（指定都市を含む）55館中、最高は、横浜美術館の22名で、非常勤3名を加えると、25名の学芸系職員数となります。県立美術館の常勤学芸員数は平均7名で、非常勤学芸員の平均2・3名を加えると、9～10名となり、この数が県立の平均的な学芸員数といえます。市立ですと、常勤学芸員は平均3・8名、非常勤1・5名で、両方を加えると、平均5名で、県立の半分の人数です。町村立では、学芸員を置いていないところが多く、平均1名以下となっています。公益法人の場合、県立規模の徳川美術館やMOA美術館などは10～20名と群を抜いて多いのですが、大部分の美術館は、2～3名で、平均2・9名となっています。

生物系博物館を見ると、動物園が21・8名、水族館が14・6名、植物園が6・8名、動植物園が12・7名となっています。

平成14年度社会教育調査報告書ではどうでしょうか。この調査では、国公私立の区分がされていません。登録博物館・博物館相当施設は1、120館あり、学芸員の人数は3、393人。1館当たり3・03人です。博物館類似施設になると、博物館数が4、243館に対し、学芸員数が2、243

人で、学芸員数よりも博物館の数が上回っています。

日本の博物館・美術館では、欧米に比べて職員の数がとても少ないのが目立ちます。ニューヨーク近代美術館には、600人の職員がいて、学芸スタッフだけで45人います。シカゴ美術館には、正規のスタッフだけで600人以上、メトロポリタン美術館には、常勤職員が約300人います。イギリスのナショナルギャラリーには、常勤職員が約300人います。ルーブル美術館では、1、200人の職員がいて、学芸員スタッフだけで約120人います。これらは、いずれも世界的に名の知られている美術館ですが、欧米のある程度の規模の美術館では、それに近い人数の職員がいるとのことです。

日本博物館協会の会員名簿をみると、博物館学芸員の人数はさまざまですが、県立の博物館、美術館、大都市の市立博物館、美術館では、学芸員数8〜12人というのが一般的であると言えましょう。近年、多くの館が人員削減を行っているので、1館あたりの学芸員の人数は減っています。学芸員を博物館施設から図書館などへ異動させる自治体もあります。今後1館当たりの学芸員数は、減ることはあっても増えることはないでしょう。

＊日本博物館協会『日本の博物館の現状と課題・平成11年度版』（1999年）
＊米田耕司「博物館設置基準」（加藤有次ほか編『博物館学講座12　博物館経営論』所収、1999年、雄山閣出版）
＊鳥居恒夫「植物園」（加藤有次ほか編『博物館学講座3　現代博物館論』所収、2000年、雄山閣出版）
＊清水久夫「美術館の『外部発注方式』」（『アートマネジメント研究』第2号、2001年）

Q 博物館・美術館の館長は、どういう人がなるのですか？

小・中・高校の校長は、教員を長く勤めてきた、年齢も50歳過ぎの人がなっています。大学の学長は、ほとんどの場合、教授の中から選ばれています。病院の院長は、医師がなっています。博物館・美術館の館長は、どのような人がなっているのですか。

A ―博物館法では、館長の職務として、「館長は、館務を掌理し、所属職員を監督して、博物館の任務の達成に努める。」と定められています。館運営の責任者である館長は、このように大きな任務と責任を負わされているにもかかわらず、学芸員の資格は必要ではありません。平成9年（一九九七）12月の日本博物館協会の学芸系職員の調査（回答数1、756名）によると、館長のうち学芸員資格をもっているのは234人で、全体の13・7％にすぎません。また、館長は博物館に勤務した経験や実績を問われることもありません。世間の人々は、館長であるからには当然博物館についてはよくわかっていると思うでしょう。ほとんどの人は、博物館の館長は、博物館の業務全般に通じて、博物館をよく理解している人であるとみなします。しかし、実際には博物館に関する知識、経験がなくても、誰でも館長になれます。ですから信じられないかも知れませんが、一度も博物館や美術館へ行ったことがなく、博物館に全く関心のない人が館長になっているのを時々見かけます。おそらく、そういう人は、博物館法など読んだことがなく、また、博物館法があることさえ知らないのでしょう。館運営の責任者である館長に資格が不要で、経験、実績も求められないというのは、問題だと思います。

博物館のことを全く知らない人が館長になって、館運営に支障をきたすことはよくあります。浜田晋介氏が、次のような、ある博物館で実際にあった話を紹介しています。

博物館で収蔵している資料を、ある施設に貸し出すことを館長が学芸員に提案してきました。しかし、その施設の展示場は、直射日光が入り、温度・湿度の調整も難しい構造です。さらに、学芸員に相当する専門職員もいません。何故このような施設に資料を貸し出すことになったかといえば、この施設に展示スペースがあるのに、何も飾っていないのは寂しく、博物館と同じ教育委員会が管轄しているから、という理由でした。資料のコンディションを把握している学芸員からは、当然反発がありました。このような施設に展示すれば、作品が傷むのは分かっています。どうして、このような施設に展示しようとしたのか、と学芸員は言いました。それに対し、館長や教育委員会の人たちは、次のように抗弁しました。「そんなにすぐに物は傷まない」。しかし、本人達はそう思っていても、それは、知識がないだけであって、作品が傷むのは間違いありません。結局、学芸員の反対によって貸出しはいったん中止されましたが、その後いつのまにか、その施設に資料が並んでいたそうです。

このように、高度に専門性が要求される機関・博物館のトップに素人が就くと、館運営に支障をきたし、学芸員は大変な迷惑を被ります。

言うまでもなく、博物館では、企画展を初めとする事業の計画から実施まで、学芸スタッフの方が仕事の内容をよく理解しています。ところが、素人の館長に限り、外から持ち込まれる展覧会を開催するかどうか、学芸員を交えず決定する傾向があると言います。また、学芸員が、展覧会の内容がこの博物館に相応しくないと異議を唱えても、館長の権限をタテに強行する例もあります。館長ではあっても、専門的な立場からの判断が出来ません。そのため、実際に展覧会を実施する時は、「自分は専門家ではないからわからない。専門家である学芸員が実務を担当しなさい。」と言うのです。

このような話を聞くと、すぐに日本のプロ野球のことが想起されます。多くのファンが球場へ足を運び、テレビ観戦を楽しむ、日本で最も親しまれているプロ・スポーツであるにもかかわらず、その運営にあたる球団のオーナーのほとんどは野球を知らず、球団経営の能力もありません。そのうえ、「分をわきまえないといかん。たかが選手が。」という普通では考えられない発言をするオーナーもいます。ほとんどの球団が多額の赤字を出しているにもかかわらず、オーナーたちは、自分の球団のみならず、プロ野球機構に対し大きな権限を持っています。無能なその人たちのお陰で、プロ野球からファンが離れています。どの世界にも同じようなことがあるものだと、二〇〇四年秋に起きた、プロ野球選手会のスト前後のプロ野球界の一連の動きを興味深く見ていました。

では、館長にはどのような人がなるべきでしょうか。「博物館の父」と言われている棚橋源太郎氏は、すでに戦後間もない昭和25年（一九五〇）に、館長としての資格で最も肝要な条件は、館の職能並びにその経営に関して十分の理解を持つことであるが、館長に必要な条件は、館の規模により異なる、と述べています。①館長のほかに2、3人しか職員のいない小規模な館では、一切の事務は館長自身が執ることになるので、学芸員としての知識や技能までも具備していなければならない。②館長のほかに学芸員など数人の専門職員が置かれている中規模の館では、必ず学芸員としての経歴や知識を持つことが必須の条件である。③相当数の専門家、事務員を有する規模の大きな博物館では、館務の各部分をそれぞれの専門家に一任することができるので、館の事業に対する十分の理解と熱意を持ち、よく他人の意見を容認することのできる雅量と健全な常識の持ち主であり、学芸や教育の全般に通じていて大きな組織の管理者、経営者たるに適する人格と手腕を有することが求められる、と述べています。

どのような規模の博物館の館長であっても、必要なのは学芸活動に対する知識と深い理解です。展示や教育活動への理解だけでなく、その基礎になる日常の研究活動や資料収集の重要性を認識していることが求められます。

では、現実には、どのような人が博物館の館長になるのでしょうか。

館長には、専門家がなる場合と、非専門家（事務職）がなる場合があります。さらに、専門家の館長を、二つに分けることができます。大学の教授などを館長に迎える場合と、館内部の学芸員が、学芸係長、学芸課長というように昇進して、館長になる場合です。

非専門家の館長も、事務現職の部長、課長あるいは係長がなる場合と、教育長、助役などを退職した人が、名誉職的に館長になる場合があります。最近は、東京都写真美術館、東京都現代美術館のように、実業界から館長を招くこともあります。

私立の博物館・美術館は、もっと多様ですが、オーナー（設立者）が館長になることも、よくあります。

また、館長には、常勤職と非常勤職とがあります。平成14年度社会教育調査報告書によれば、登録博物館・博物館相当施設では、常勤職の館長は、1館あたり0・5人となっているので、半数の館では常勤職の館長がいることになります。しかし、博物館類似施設になると、1館あたり、0・3人となりますので、およそ3割の館でしか常勤職の館長を置いていないことになります。最近は、公立博物館の館長が非常勤である場合が多くなっているように感じられます。

非常勤の館長には、大学の教授がなることがよく見られます。学問の世界では著名であっても、行政内部では何の権限も持っていない場合が多く、予算の策定にも館長が加わることなく、行政的な権限を持つ副館長や行政サイドで作成することがほとんどのようです。博物館の館長には著名な学者を据え、館長には何の権限も与えず、全てを行政側がコントロールする館もあるとのことです。

では、私がどのようにして館長になったかについて、ついでに述べましょう。世田谷区立郷土資料館は、二〇〇四年に開館40周年を迎えた歴史のある登録博物館です。ここは開館以来、歴代、事務職の係長（総括係長）が館長になっていました。中央図書館を除く区立の図書館の館長と同じ扱いです。3年館長を勤めて定年退職するか、再び、一般の事務職の仕事に戻ります。

事務職の係長が館長になることから、館の運営に支障をきたしていました。平成16年度は、予算を23％削減し、開館以来毎年開かれていた特別展を休止し、歴史講座二つを休止しました。これは、正常な館運営とは言えません。それで平成16年4月館長に就任してから〝正常化〟に努めました。そして、平成17年度は、学芸員、事務職員の協力を得て、休止していた事業を復活させました。〝正常化〟させるのに、ある程度成功したと言ってよいでしょう。

わが国の科学的考古学の草分けと言われる濱田耕作（青陵）は、既に大正時代に、博物館が健全に発展できなかった原因の一つとして、「博物館を以て、社会教育学術研究の府としての重要なる意義を認めず、博物館員が往々老朽無能の人物を以て充たされ」ていることを挙げています。日本の多くの博物館の館長人事に関しては、大正時代とさほど変っていないことが分かります。

言うまでもないことですが、館運営の責任者である館長は、博物館学芸員の経験を持つ人が、常勤として勤めるべきでしょう。

＊千地万造「日本の博物館」（『博物館の楽しみ方』所収、１９９４年、講談社）
＊浜田晋介「のこして伝える――資料・作品の保存」（湯山豪一編『美術館・博物館は「いま」』所収、１９９４年、日外アソシエーツ）
＊諸岡博熊「博物館と人材養成」（大堀哲ほか編『ミュージアム・マネージメント』所収、１９９６年、東京堂出版）
＊鷹野光行「館長論」（加藤有次ほか編『博物館学講座12巻　博物館経営論』所収、１９９９年、雄山閣出版）

Q 財団が運営する公立博物館とは何ですか？

最近開館する公立の博物館・美術館の多くは、財団運営だということを聞きました。また、すでに開館している都道府県直営の博物館・美術館を、財団運営にしたところもあるそうです。財団運営の公立博物館・美術館とは、どのようなものですか。

A―博物館法では、地方公共団体が設置する公立博物館は、教育委員会の所管に属する、とされています。しかし、一九八〇年代に入る頃から、自治体の事務の外部委託が盛んになり、博物館・美術館も地方公共団体の直営から、地方公共団体の出資金を主な財源とした別組織に運営を委託する方法がみられるようになりました。財団法人により、公立博物館、公立美術館が運営されることになったのです。

財団法人には、財源確保の方法、事業内容、職員雇用の基準などによって、さまざまな形態がありますが、博物館・美術館を運営する財団法人は、１００パーセント、委託する地方公共団体が出資するのがほとんどです。財団に運営を委託することにより、それまでの公立博物館、公立美術館とは、法的に異なった運営を行えるようになりました。公立であっても、財団には地方自治法が適用されず、民間企業と同じ、民法等が適用されるのです。

東京とその近郊だけを見ても、財団運営の公立博物館・美術館は、渋谷区立松涛美術館、目黒区美術館、世田谷美術館、世田谷文学館、パルテノン多摩、東京都庭園美術館、東京都江戸東京博物館、東京都写真美術館、東京都現代美術館、川崎市市民ミュージアム、横浜美術館、横浜市歴史博物館、鎌倉市鏑木清方記念美術館、水戸芸術館など、数多くあります。『博物館白書・平成11年度版』によれば、昭和30年代以前の開設館園では財団設置の比率が20％以下であったものが、昭和60年以降に開設した館園では約30％の比率となり、急増しています。このように、財団法人に運営を委託する公立博物館、公立美術館が多数出現したのは、しかるべき理由があったからです。

では、財団運営は、地方公共団体の直営に比べ、どのようなメリットがあるのでしょうか。行政機関にありがちな硬直性がなくなり、フレキシブルな運営が可能となります。一般区民や企業などとの協力・提携が容易となり、民間的な創意工夫と企業経営的な柔軟性かつ採算性、再生産性のある運営ができます。例えば、会計処理についていえば、公益法人会計方式によっているので、年度を越える事業や商行為等が容易になります。準備から実施までの費用を2年度以上にわたって負担できること、したがって、たとえば3月から5月まで一つの企画展を継続することが容易になることです。また、売買行為ができ、寄付金の受け入れがしやすいこと、民間との共催ができることなどです。ミュージアム・ショップの収益を展覧会などの事業費にあてることもできます。

世田谷美術館を例に、財団運営のメリットを具体的にいくつかあげてみます。ミュージアム・ショップの経営は、国公立の博物館・美術館では、民間業者に任せているケースが多いのですが、世田谷美術館では、財団運営で、特別会計により処理しています。商品は作家の協力を得て美術館で開発したもの、職員が開発したものと、他業者から委託され販売しているものがあります。入館者が多数あったときには、安定した売上があり、開館から平成15年度まで、累計で約1億円の利益（税別）を上げ、自主事業の資金にまわすことができました。

民間資金の導入という面では、展覧会事業等への寄付金・協賛金を募る、事業費用を全額企業に負担してもらう、事業をマスコミとの実行委員会で共同実施し、経費を分担する、サービス・物で負担してもらうことなど、さまざまなことができます。

企画展では、一九八七年、アメリカのAT&Tが基本的な経費を負担した「ワイエス展」を皮切りに、NHK、朝日新聞社等と実行委員会を組んで開催した「シャガール展」（一九八九年）、「大英博物館展」（一九九〇年）、「ゴッホと日本展」（一九九二年）、「秦の始皇帝とその時代展」（一九九四年）などが次々と成功を収めました。当時、多くの国公立博物館・美術館では、〝貸し館〟方式で大型企画展を開催していました。世田谷美術館は、財団運営の妙味を発揮して実行委員会方式をとったため、収支に黒字が出ると出資比率に応じて利益が配分されました。それを資金として、次の展覧会の企画を行うこともできました。すべての大型企画展が黒字になったわけではありませんが、累計では2億6千万円の黒字を計上しました。

世田谷美術館で、かつて夏の風物詩と言われていた「サマーナイトバレエ」は、毎年2千5百余人もの招待客を美術館の前庭に集め、美術館の建物を背景にしたステージ上で華麗なクラシックバレエを演じましたが、それも日興證券がスポンサーとなり、1千万円以上に相当する物とサービスの提供があって可能となったものです。

また、自治法に縛られない職員の任免ができます。博物館・美術館では、専門職員である学芸員、館長等の登用がしやすくなります。直営ですと、年齢制限や官公庁の定員削減などで採用できない場合でも、財団独自の判断で雇用することができるからです。

しかし、このようなメリットがある反面、いくつかのデメリットも指摘されています。

財団運営といいながら、実際の運営費は、地方公共団体からの補助金がほとんどであるため、博物館・美術館は自立（自律）できず、役所の予算や政策に左右されます。また、事務系職員の多くは役所から派遣された公務員であるため、財団による柔軟な民間的な経営ができるといっても、それをどれだけ理解し、実行できる職員が果たしているのであろうか、と言われます。財団の運営には経営感覚を持った人が求められますが、そのような人が博物館・美術館へ派遣されて来ることは極めて稀です。さらに、外郭団体は、しばしば幹部職員の天下り先に利用されます。こうなると、いくら柔軟な運営ができる制度ができても、役所的な体質が根深く、役所と同じ運営をすることがしばしばあります。経理規定を例にすると、主だった規定、規則、要綱は、出資した役所に準じています。したがって、出納、契約、入札などの経理に関する事務手続きは厳格で煩雑となっています。効率性、弾力性の点では、民間に比べはるかに劣ります。

また、地方自治法に縛られない人事ができるため、首長や議員の紹介による不適切な人材の採用がなされていることが問題となっている館もあります。

さらに、表面には現れにくい問題ですが、同じ職場で同じ仕事をしながら、役所から出向してきた職員と財団固有職員との待遇格差があり、時に、わだかまりを生じることがあることです。給料やボーナスにはほとんど差がありませんが、年金や健康保険の掛金額、福利厚生施設の利用、職員住宅の入居など、出向者と財団職員の間に待遇の差があります。いくつかの公立博物館・美術館では、事務職は公務員身分とし、学芸員を財団固有職員とするところがあります。そのようなところでは、よくある事務職と学芸員の対立は、より複雑な様相を呈します。

また、財団化は、公務員削減のための手段の一つに使われます。東京都は、平成14年（二〇〇二）4月、文化施設を教育委員会の生涯学習文化財団から歴史文化財団に移管し、一本化したのに伴い、学芸員の職員身分の切替を行いました。それまで都では、教育庁に籍をおく学芸員を出先の生涯学習文化財団（東京都現代美術館）へ派遣する形をとっていましたが、一度全員を解雇し、改めて希望者だけを生活文化局の歴史文化財団へ財団固有職員として雇い入れることにしました。これにより、公務員が削減できたのです。

博物館・美術館の運営は財団が行っても、施設はもちろんのこと、備品、資料・作品等は地方自治体に所属しているので、日常業務は館にゆだねられているにもかかわらず、施設の改修、作品の収集等は役所の所管部所を通さないと処理できません。双方が事務を行い、また、連絡調整の手間がかかると、かえって非効率になります。

財団の繰越金に対する法人税等の課税も、博物館・美術館の運営の大きな障害となっています。繰越金が生じる主な原因は、役所からの事業補助金があるからです。言い換えれば、役所から税金が財団に投入され、それがいくらか黒字が出たからと言って課税されるのは、税金にたいして税金を掛けるに等しく、大きな問題であると言われています。

ここ10年以上の長期にわたって続いている景気の後退は、財団運営に大きな影響を与えています。まず、金利の低下により、基本財産の果実がゼロに近くなり、財団の基本的なメリットがなくなりました。世田谷美術館は、かつて運営していた財団、世田谷区美術振興財団の基本財産が6億円あり、その運用で年に4千万円以上の運用益を得ていた年があり、大きな収入源となっていました。それが、今ではほぼゼロとなっています。また、好景気の時には、年に数件はあった企業からの寄付金・協賛金が、多いときには数千万円に達していましたが、バブルの崩壊後急速に減少し、近年では限りなくゼロに近い状況となりました。

税収の落ち込みによって、今の補助金額が今後も維持されるという保証はありません。不景気が原因の入館者減に伴う収入減は、いうまでもありません。

さらに、現在、公益法人制度の改革が行われつつあり、公益性や税制上の措置といった主要な課題について検討がなされています。その結果によっては、財団法人への法人税の課税がなされることや、収益事業への税率等の軽減が廃止されることも考えられます。

結論を言えば、公立博物館、公立美術館の財団法人による運営は、バブル経済のときには多くの面でそのメリットが生かせるシステムでしたが、景気変動に大きく左右されるため、調査・研究など、継続的な活動が望まれる社会教育機関である博物館施設には適しているかどうか疑問です。

ところで、平成15（二〇〇三）年秋に、地方自治法第２４４条の２関係の改正（指定管理者制度）により、財団運営の公立博物館も新たな局面を迎えることになりました。従来は、博物館、公民館、図書館など公の施設の管理については、地方自治体の出資法人等にしか管理を委託できませんでしたが、法改正後は、地方自治体が指定する指定管理者に管理そのものを代行させることができるようになりました。この「指定管理者制度」導入の目的として、公の施設に係る管理主体の範囲をＮＰＯや企業などの民間事業者等まで広げることにより、住民サービスの向上、行政コストの縮減等が図れると言います。この制度を採用することにより、地域の振興及び活性化はもちろん、小泉政権の目玉である行政改革「民間にできることは民間に」の推進につながることを政府は期待しています。

しかし、この制度には、大きな不安を感じます。指定管理者によっては、学芸員を一人に減らして、その分営業社員を雇い入れて入場者を増やす計画を立てようとする博物館がでてくることはないでしょうか。そうなると、博物館に不可欠な調査研究、教育普及は、収益につながらないという理由で、全くなされなくなるでしょう。

＊浜田晋介「公立直営博物館と公立財団運営博物館・財団運営の場合」（湯本豪一編『続　美術館・博物館は「いま」』所収、１９９６年、日外アソシエーツ）
＊西澤　洋「財団経理の実態」（同右）
＊小林卓「事例　富士市文化会館（ロゼシアター）の運営」（佐々木晃彦編『芸術経営学を学ぶ人のために』所収、１９９７年、世界思想社）
＊陰里鐵郎「財団法人による公立美術館の管理運営をめぐって―横浜美術館の場合」（『博物館研究』３７４号、１９９９年）
＊浜田昭吉「財団運営の光と陰」（『世田谷美術館紀要』第７号、２００４年）
＊井出洋一郎「美術館に必要な法律」（『新版・美術館学入門』所収、２００４年、明星大学出版部）

Q "県立並美術館"とは、どのような美術館ですか？

以前、「県立並美術館」ということがあると聞いたことがあるのですが、どのような美術館のことを言うのですか。

A 全国に県立美術館が相次いで建設されていた頃、美術館の規模は次第に大型化し、日本の地方における博物館の中核をなすようになりました。新たに開館する美術館の数こそ減少してきたものの、その傾向は近年でも続いています。

平成10年（一九九八）には、10、000㎡を越える美術館は55館中21館で40％を占め、ついで9、999～5、000㎡のものが16館で31％、4、999㎡以下が15館29％でした。これらのうち、5、000㎡を越える37館は、全て昭和五〇年代後半以降に建設された美術館です。公立美術館建設ブームのとき、よく「県立並美術館」と言われていました。それは、当時の県立美術館が持っていた共通性の指摘でした。その共通性とは、

① 建物の延床面積が8、000㎡程度
② 企画展示室は、1、000㎡前後の広さがあり、海外展を含む大型企画展を開くことができる
③ コレクションを持ち、それを展示する常設展示室がある
④ 展示室以外に、講堂、講義室、創作室など、教育普及活動のためのスペースがある
⑤ レストラン、コーヒーショップ、ミュージアム・ショップなど、来館者が寛ぎ楽しめる施設がある
⑥ 市民が利用できる一般展示室（県民ギャラリー）がある

ここで、公立美術館建設ブーム時に開館した美術館として、山梨県立美術館（一九七八年11月開館）、岐阜県立美術館（一九八二年11月開館）、埼玉県立近代美術館（一九八二年11月開館）、滋賀県立近代美術館（一九八四年8月開館）の諸室の床面積を見てみましょう。

	山梨県立美術館	岐阜県美術館	埼玉県立近代美術館	滋賀県立近代美術館
企画展示室	977㎡	770㎡	923㎡	896㎡
常設展示室	800㎡	795㎡	526㎡	869㎡
一般展示室	524㎡	685㎡	1,145㎡	478㎡
創作室	184㎡	532㎡	200㎡	—
講　堂	222㎡	218㎡	235㎡	218㎡
図書室	—	—	137㎡	94㎡
レストラン	—	—	89㎡	161㎡
喫茶室	—	138㎡	—	—
延床面積	6,833㎡	7,169㎡	8,577㎡	8,544㎡

* 山梨県立美術館は、開館時。1998年、収蔵庫を増築し、延床面積8,505㎡となった。

これら4館は、いずれも〝多目的美術館〟としての性格を持ちます。つまり、美術館の基本的な機能としての、企画展示室と常設展示室（もちろん、収蔵庫、事務室、書庫なども、重要な機能を持つ施設ですが、ここでは簡略化するため、省略します）のほかに、一般展示室（県民ギャラリー）、創作室、講堂、図書室、レストラン、喫茶室などの施設を備えています。それら多くの施設を美術館の内部にすべて取り込もうとすると、美術館の延床面積は、8、000㎡になるのです。つまり、山梨県立美術館では、展示室（企画展示室と常設展示室の合計）は、1、777㎡ありますが、延床面積は6、833㎡です。延床面積が8、000㎡に満たないのは、図書室、レストラン、喫茶室などを持たないためであり、もし、これら施設をもてば、8、000㎡を超えます。岐阜県美術館では、展示室は1、566㎡ですが、比較的広い創作室、喫茶室を持つため、延床面積は7、169㎡になっています。この館も、図書室、レストランがあれば、延床面積は8、000㎡を超えます。埼玉県立近代美術館では、展示室は1、542㎡ですが、一般展示室（県民ギャラリー）が1、000㎡以上あり、また、創作室、講堂、図書室などの施設をもつため、延床面積は8、577㎡となっています。つまり、これら4館の延床面積の差は、〝付帯的施設〟の有無によるので、基本的な施設にはあまり差がありません。

地方公立美術館ブーム以前の一九七〇年までの県立美術館の規模をみると、延床面積4、000㎡というのが一般的でした。一九六八年に開館した旧広島県立美術館の延床面積は、4、522㎡ですが、展示室は1、755㎡ありました。この展示室の広さは、貸ギャラリーを含むとはいえ、美術館ブーム以降に建てられた8、000㎡規模の美術館の展示室と同じ広さがありました。

日本で最初に建設された公立の近代美術館、神奈川県立近代美術館の延床面積は、後に増築された新館・別館を合わせても、3、267㎡しかありませんが、小さな喫茶室以外の、〝付帯的施設〟がなく、エントランス・ホールもないため、展示室は1、157㎡あり、企画展を開くための広さは確保できています。一九六七年に開館した、旧秋田県立美術館では、2、860㎡の延床面積に対し、展示室は1、797㎡あります。

以上のことから言えるのは、一九八〇年代以降見られるようになった、8、000㎡を超える規模のほとんどの館では、美術館の〝基本的な部分〟はほとんど変わらず、〝付帯的施設〟を内部に含んだために大型化した、ということです。

昭和61年（一九八六）に開館した世田谷美術館は、区立美術館ですが、典型的な「県立並美術館」です。延床面積は、8、577㎡で、企画展示室、常設展示室のほかに、一般展示室（区民ギャラリー）、創作室、講堂、講義室、図書室、レストラン、コーヒーショップなどの設備を持っています。区立の美術館であるからこそ、「県立並」にこだわった結果だったと考えられます。

歴史的にみると、「県立並美術館」の出発点は、昭和48年（一九七三）11月の文部省告示「公立博物館の設置及び運営に関する基準」にあると考えられます。ここで、建築設計の基準として、都道府県および指定都市の設置する人文系、自然系の博物館は、延べ床面積6、000㎡と定められました。

この「基準」では、博物館に必要な施設・設備も示され、収蔵庫、展示室、集会室、図書室などの諸室が列挙されていますが、今日の目から見て不思議に思えるのが、創作室、レストラン、ミュージアム・ショップ、一般展示室（県民ギャラリー）などが挙げられていないことです。一九七三年当時の博物館・美術館では、今日では普通に見られる、このような施設の設置などあまり考えられなかったのでしょう。

つまり、「基準」に定められた必要な機能が6、000㎡。それに創作室、レストランなどの〝付帯的施設〟を加えて8、000㎡になったと考えてよいでしょう。

ところで、一九九〇年代に開館した美術館は、どうでしょうか。その一つの例として、平成5年（一九九三）11月に開館した高知県立美術館について見てみます。この美術館は、延床面積一一、七二四㎡の大規模な美術館です。しかし、展示室は、1、478㎡で、それほど広くありません。美術館が1万㎡を超すようになった大きな要因は、県民ギャラリー、創作室、レストランを備えている上、大きな多目的ホールを持っているためです。ホールは、400席以上の客席をもつ上、能舞台、能舞台格納庫、楽屋、リハーサル室など、かつて美術館の講堂には見られなかったような高度な施設を備え、しかも、美術館とは半ば独立した別棟になっています。その部分の床面積は、2、783㎡もあります。そのホール部分を除くと、施設規模では、他の8、000㎡規模の美術館とそれほど大きな差異は認められません。つまり、県立美術館の大型化は、文化総合施設化したことによります。

県立美術館が8、000㎡あるいはそれ以上に大型化したのは、各方面からの多様な要望に対応するため、基本的な機能以外にさまざまな付帯的な機能を取り入れたためです。

従来の作品を収集・保管し、展示するだけでなく、教育普及活動のためのスペース――創作活動を行う創作室、市民が制作した作品を展示する県民ギャラリー、講演会、美術講座、映画会あるいはパフォーマンスもできる多目的ホール（講堂）、県民が単に展覧会を鑑賞するだけでなく、美術館を楽しむスペース――レストラン、コーヒーショップ、ミュージアム・ショップ――が出来た、つまり、文化総合施設化したためです。この時期作られた公立美術館は、〝開かれた〟という言葉が基本構想に入れるのが一種の流行となっていました。市民に対して、入りやすく親しみやすい空間と内容をハード面で提供するということです。建物のサービス機能が拡充されるようになり、展覧会を見た後、図書室、レストラン、ミュージアム・ショップなどへ寄り、滞留時間も長くなりました。

今日では、「県立並美術館」という言葉はほとんど聞かれなくなりました。全国のほとんどの県に県立美術館が設置され、また、景気後退による税収の減少により、大型美術館があまり開館しなくなったことが一つの理由です。また、平塚市美術館、豊田市美術館、郡山市美術館、宇都宮市美術館、府中市美術館など、政令指定都市以外の市が、「県立並美術館」を建設することが珍しくなくなったこともあるでしょう。さらに、横浜美術館、東京都現代美術館、兵庫県立美術館など、従来の県立美術館と比較にならない大規模な美術館が開館したこと、茨城県のように、特化、専門化した岡倉天心五浦美術館、陶芸美術館を建設する自治体が現れたことなどがありましょう。ほかの県でも、分館を建てることはよくみられます。東京の近くだけでも、群馬県、神奈川県などがあります。

戦後の公立美術館史のなかで、〝県立並美術館〟の登場は大きな意味をもっていましたが、今日の観点から見れば、既に過去の概念と言えるでしょう。

＊三ッ山一志「ワークショップ」（湯本豪一編『美術館・博物館は「いま」』所収、1994年、日外アソシエーツ）
＊日本博物館協会『日本の博物館の現状と課題・平成11年度版』、（1999年）
＊降旗千賀子「美術館の教育普及活動」（博物館学シリーズ3　小原巌編『博物館展示・教育論』所収、2000年、樹村房）

Q 展示室の隅で椅子に座っている人は誰ですか?

博物館・美術館の展覧会へ行くと、展示室の隅で退屈そうにして座っている人がいます。はじめ、あの人たちが学芸員かと思っていたら、学芸員はそのように人前に出ることはない、と言われました。あの人たちはいったい誰なのでしょうか。

A ―館によってよび方は異なりますが、展示室の隅に座っているのは、一般的には監視員という人です。ほとんどはアルバイトで、館が直接雇用する場合と、派遣会社から派遣される場合とがあります。30分ごとに担当する場所を変わり、3箇所担当した1時間30分後に30分の休憩をとるのが一般的です。

監視員は、単に作品の監視をするだけでなく、お客さんからの質問を受ける事もあれば、苦情をきかされることもあります。ただ座っていればよい、というのではなく、その場での適切な対応が求められ、プロ意識が要求されます。博物館・美術館に関する知識だけでなく、展覧会の内容についてある程度知っている必要があり、出品作品に関すること、所蔵者に関することなど、さまざまな質問を受けます。すべてについて答えるのは不可能ですが、簡単なことは答えられるようになっています。そのために、新しい展覧会が始まると、監視員を集め、担当学芸員が展覧会の内容、出品作品などについて簡単に説明し、手で触ると壊れてしまうような作品があるときは、とくに注意するように頼みます。また、休憩時間などには、図録を読んでもらうようにお願いもします。

また、監視員は、トイレの場所、レストランのこと、ライブラリーのことなど、館内のことばかりでなく、館周辺のことも把握しておかなければなりません。近辺にある博物館・美術館への行き方を聞かれることもあります。単に、アルバイトの仕事というつもりでいる人には勤まらない、重要な責任ある仕事でしょう。というのも、博物館・美術館に来館する人たちには、常勤の職員とアルバイトの区別がつきませんから、職員と同じ心がけが要求されますから。

監視員は、お客さんと接することが多いので、館の印象を左右することもあります。もしお客さんが、美術館に来て展覧会を見て感銘を受けたが、監視員の態度が悪くて嫌な気分で帰ると、それが美術館の印象として残ってしまいます。監視員は博物館・美術館の顔とも言えます。

展覧会を企画した学芸員は、展覧会が始まってから来館者がどのように展示を見ているかを観察する必要があります。それにより、不都合なところが発見され、展示や照明などを手直しすることもあります。とはいえ、担当学芸員が一日中展示室にいるわけにもゆきません。監視員が代わりに来館者を観察し、学芸員に適切なアドヴァイスを与えてくれます。監視員は、館運営にとって重要な役割を持った人たちです。

＊安村敏信『美術館商売』（２００４年、勉誠出版）

Ⅲ章 運営

Q&A

この章では、博物館・美術館の運営に関することに答えました。かなり幅広い問題を扱っています。

まず、災害対策について。最近は各地でさまざまな災害が発生しているため、博物館・美術館はその対策に苦慮しています。

ついで、博物館・美術館建築の設計者の選定について。博物館・美術館を設計する建築家がどのようにして決められるのか、あまり知られていません。

博物館・美術館で仕事をする際、著作権についての知識も必要となります。著作権に関し、3項目答えました。

美術館に来る人たちは、どのような人たちなのか。社会学者の行った調査を紹介しました。ほかに、公立博物館が直面している指定管理者制度や近年注目されているアウトリーチ活動について答えました。

最後に、美術館で開かれるコンサートについて答えました。

Q 博物館・美術館は、どのような災害対策をしているのですか？

博物館・美術館は、安全な場所に建てられ、建物もしっかりしているので、災害に遭うことなどないと思っていたのですが、最近、博物館・美術館の災害対策が問題になっていると聞きました。博物館・美術館は、これまで、どのような災害に遭い、それに対して、どのような対策を立てているのですか。

A――近年、大規模な自然災害、国際的なテロが起こっています。そのため、博物館・美術館の収蔵作品をいかにしてこれらから守るかについて、これまで以上に大きな関心がもたれています。このようななか、二〇〇四年1月24日には、慶應義塾大学等の主催により、「美術館・博物館のリスクマネジメントを考える～天災、テロ行為などから収蔵品と施設をどう守るか～」というテーマで、シンポジウムが開かれました。このシンポジウムには、二〇〇二年夏、中・東欧地域で起こった歴史的な大洪水で甚大な被害を受けたドイツ・ドレスデンのアルテ・マイスター絵画館施設管理部門主席技術者、M・ヨーンが招かれ、当日の混乱と作品避難の状況、再開へ向けての修復作業などについての報告がありました。また、ロサンジェルスのゲティ財団の危機管理担当者も招かれ、博物館・美術館が備えるべき災害対策についての講演がありました。このようなシンポジウムが開かれたことは、関係者の関心の深さを示しています。

博物館・美術館にとって、その建設地を決定することは、基本構想策定の際の重要な検討項目で、建設へ向けての第一歩といえましょう。決定に際しては、周辺の環境、交通の利便等を考慮しなければなりませんが、最も重要なのは、地形等の自然条件です。潮風の影響を受ける海岸地帯、風水害の予想される地域は避けねばなりません。また、阪神大震災の経験から明らかなように、地震に強い場所を選定しなければなりません。最近驚かされたのは、二〇〇四年7月、九十九里のいわし博物館で爆発が起こり、爆風で屋根や壁が吹き飛ばされ、2名の職員が死傷した事故です。地下の収蔵庫に天然ガスが充満し、このガスに引火して爆発が起こったのです。博物館が立地しているところは、天然ガスが発生する地域であり、このような場所に地下収蔵庫を作ったことが、爆発事故を招いた原因といえるでしょう。今年、板橋区内の温泉を掘っている現場で、天然ガスに引火して長時間燃えつづけた事故がありました。東京、千葉では、地下に収蔵庫を造るとき、天然ガスの処理に充分注意しなければなりません。ほかにも、近年はテロの被害も予想されますが、ここでは自然災害および火災に限って考えてみます。

［水害］

近年は、世界各地で異常気象が見られるため、降水量など、過去の気象観測記録に基づいて博物館・美術館の立地を選び、建物の設計することは危険を招くことになりかねません。

一九九八年9月、高知県立美術館が記録的な豪雨で冠水し、大きな被害を被りました。美術館は、国分川、舟入川、二つの川が接する水辺にあり、「水に親しむ空間」がテーマになっています。美術館の立地場所の選定に際しては、水害を心配する声がありました。

9月24日午前9時25分、高知地方気象台から高知県中部・東部に大雨洪水警報が発令され、高知市、南国市及び土佐山田町付近では長時間にわたり激しい雨に見舞われました。25日未明には、美術館北部を流れる国分川の越水が始まり、下流域の布師田、高須、大津などの高知市東部地区一帯が一晩にして「泥の海」と化しました。美術館は25日午前3時頃から急激に浸水が始まり、職員による防水体制を整える間もなく、館内の水位が1・2mに達し、美術館の施設・設備をはじめ、美術資料・作品、備品、車両に甚大な被害を被りました。常設展示室が2階、収蔵庫が3階にあったため主な収蔵作品は無事でしたが、1階の一時保管庫に収納していた108点の作品が被害に遭いました。同じく、1階の展示室にあった高知県展出品作品の多くが水に漬かりました。被害総額は、10億3千6百万円余に達しました（県展の出品作品、ミュージアム・ショップ、レストラン等の委託業者が受けた被害額を除く）。また、二つの企画展を取りやめ、約3ヶ月間臨時休館しました。

ここで再び、美術館の立地場所を巡って議論が起こりましたが、県の財政事情が厳しく、莫大な事業費を伴う美術館の移転は難しいため、館内外に自動防水扉、手動式防水パネルを設置し、主要施設、設備への浸水を防ぐ手当をしました。これにより、前回と同規模の豪雨があっても、重要な施設は安全であるとされています。

ドイツ・ドレスデンのアルテ・マイスター絵画館は、二〇〇二年8月、洪水被害に遭い、地下収蔵庫と保存修復施設の一部が浸水しました。収蔵庫は一九九六年に完成したもので、最新式の設備を誇っていました。

館長らは、豪雨の予報を知った8月12日、地下収蔵庫を設計した技師に連絡したところ、「地下の湧水や雨水対策を万全に施した工法で造られ、エルベ川の水位が海抜6mに達しても浸水しない設計になっているので、作品の移動は必要ない」、と設計者は答えたと言います。しかし、中東欧諸国を襲った100年ぶりの豪雨で、エルベ川の水位は予想を上回り、9mを超えました。さらに、市中心部を流れる支流が氾濫し、美術館の地下に水が流れ込みました。13日午前7時、美術館職員全員に召集がかかりました。消防士らが駆けつけ、ポンプで強制排水する一方、職員80人ほどが約4千点の作品を上階の展示ギャラリーに運び上げました。地下に電気系統のシステムを集中させていたのが災いし、全館停電となり、大型作品搬出用のリフトが停止したため、地下収蔵庫の中間階の天井に作品を水平にくくりつけ、かろうじて浸水を免れました。作品は、浸水は免れましたが、水が引くまで1週間以上も高湿度の環境に置かれていたため、修復が必要となりました。美術館が再開されたのは、年末でした。

国立国際美術館は、大阪・吹田の万博公園から市の中心、中之島に移転し、二〇〇四年11月にオープンしました。堂島川と土佐堀川に囲まれた中州にある大阪市立科学館の地下に建設され、展示・収蔵施設はいずれも地下2階と3階にあります。水害の不安は当然ありますが、関係者によれば、大阪の水害記録では、これまで水位5ｍを超えたことはない。施設は、5ｍ規模の洪水に耐えられるように電動の防潮扉を設置し、地下も防水層を二重、三重にして浸水を防ぐ、とのことです。

［地震］

一九九五年1月の阪神淡路大震災以来、地震対策は、博物館関係者の大きな関心をよんでいます。この大震災は、博物館施設にどのような被害を与えたのでしょうか。

大きな被害だけをあげても、伊丹市昆虫館、兵庫県陶芸館、菊正宗酒造記念館、沢の鶴資料館、白鹿記念酒造博物館が建物全壊・大破。神戸市立博物館は、入口付近が破損及び地盤沈下、液状化現象による水と土砂の噴出、兵庫県立近代美術館は、建物が傾いて再使用不可能、という報告がありました。当然ですが、概して古い建物に被害が大きいことがわかります。

文化庁では、各機関の協力を得て被災地の調査を行い、その状況を把握するとともに、被災した文化財に対する緊急の救援活動を実施しました。その結果、文化財を保存・公開する施設等について、立地環境の整備や耐震・免震性の確保が必要であるとともに、観覧者の安全性等についての危機管理、文化財の収蔵・保管・展示に関する問題の科学的調査・研究を含めて、防災についての総合的な対策の必要性が判明しました。

それにより、文化庁文化財保護部では、平成9年6月、「文化財（美術工芸品）の防災に関する手引き」を作成しました。以下、その中から主要な部分を紹介します。

文化財の防災に関しては、3つの視点からの対策を確立することが急務である。

1．収蔵・保管に当たっての災害対策の確立。

2．公開・展示に当たっての災害対策の確立。

3．災害発生時における緊急保存措置等に関する対策の確立。

まず、「1．収蔵・保管に当たっての災害対策」。収蔵庫等の施設で収蔵・保管する場合について。収蔵・保管施設は、建設地及び周辺環境等を考慮し、防火・防犯設備はもとより、耐震・免震性等を確保した構造が望ましい。また、収蔵する文化財を適正に保管できる床面積を確保する。

収納棚を設置する場合は、奥行きのある木製の棚にし、棚から落下を防止するストッパーを設ける。陶磁器・ガラス製品等の破損しやすいものは、木製の保存箱に収納保管する。

額装した絵画を収蔵・保管する場合、移動ラック、ワイヤーの繋ぎ部分等の安全性を確保し、Sカンを使用する場合には、形状・強度・取り扱い上の安全性を十分に検討し選定する。

ついで、「2．公開・展示に当たっての災害対策」。

はじめに、展示ケースの構造に関する留意事項。ケースのガラスは、張り合わせガラスの使用、飛散防止フィルムの使用が有効である。また、耐震性や衝撃に対する安全性等から、ガラスの厚さは10ミリ程度以上が望ましい。

可動ケースの場合、地震発生時に床面を移動したため、転倒を免れた事例もあるが、原則としては構造的に重心を低く保って、移動・転倒等に対する安全性を確保することが望ましい。

ケース内展示の場合、転倒によって他の展示品に損傷を与えないため、個々の展示品との間隔を十分に確保する。また、上下に展示棚を設置したり、ひな壇式にすると、上段の展示品の落下により下段の展示品も損傷させる危険性が高いので好ましくない。

彫刻の立像を展示する場合は、展示空間を確保し、像の足等の安全性に留意する。

工芸品等の支持のためテグスを使用する場合は作品を傷めないよう、また、テグスの切断の防止を考慮し、その懸け方と結び方を工夫する。陶磁器類の壺等の展示に際しては、テグスで固定するだけでなく、鉛玉や砂を入れた布袋を内底部に置き、重心を下げることが有効である。

さらに、展示室の天井や壁などに取り付けられた照明器具や空調設備等を点検し、脱落等のないよう安全策を講じる必要がある。

「3．災害発生時における緊急保存措置等に関する対策」

災害発生時には、まず文化財の所在場所や被災の実態を写真・ビデオ・図示等で的確かつ詳細に記録するとともに、その保全に関しては、取り扱いや保存の知識のある学芸員等が中心となり、関係団体を含めた幅広い協力によって対応することが望まれる。災害による文化財の被害の中でも、とりわけ火や水による損害は早急かつ適切に対応しなければならず、専門家と十分に協議して対応策を決定する必要がある。

なお、火・水等による損傷が生じた場合の緊急の対応については、東京国立文化財研究所又は奈良国立文化財研究所に連絡し、助言を求めることが望ましい。

以上が、文化庁文化財保護部が作成した、「文化財（美術工芸品）の防災に関する手引き」の概要です。

近年、展示台やケースなどに免震装置を装着する手法が考案され、いくつかのメーカーによって免震台が製作市販されています。これには、展示台座やケース等のフロア設置面に付けるものと、展示ケース内部に装置するものとがあります。いずれも、固有振動周期を長くするように工夫された装置です。上下2枚のテーブルより構成され、中間に様々な方式の支承部分を挿入しています。曲線レール上を支持部分が移動する方式（転がり支承）、曲線レールにベアリングブロックを噛み合わせた方式、スプリング入りの球状ベアリングで支え、上下テーブルを復帰バネで連結する方式、大小個の中心点をずらしたローラー（偏心ローラー）支承を用いた方式、圧縮コイルばねと引張コイルばねで、上部テーブルを支える方式、凹型のレールと上のレールとの間にコロを挟み、前後、左右、斜め方向にスライドする3枚のフレームからなる方式（遊動コロ方式）、傾斜のつけられた受皿上にボールベアリングを置いて支える方式、などメーカーによって様々な方式が用いられています。

免震台を比較的早く設置したのが、熱海にあるMOA美術館です。東海沖地震が起こる可能性を指摘されてから、彫刻、工芸作品を展示する全ての台座に免震装置を設置しました。現在では、京都国立近代美術館、東京国立近代美術館、神戸市博物館、東京国立博物館、奈良国立博物館など、多数の博物館で免震台の導入が進んでいます。

ブリヂストン美術館は、美術館の入っているビルに耐震工事を施し、展示作品を吊るワイヤーを太いものにし、彫刻の台座に免震台を導入するなど、阪神大震災の教訓を生かしています

［火災］

これまで、博物館・美術館で火災が発生したことはあまりありませんでした。しかし、今日のような社会状況では、予期し得ない事態が起こる事も考えられ、ほとんどの博物館・美術館では充分な防火対策がなされています。

まず、全ての博物館には、自動火災報知設備、非常通報設備、消防設備を備えています。博物館施設でとくに重要なのが、ガス消火設備です。一定規模以上の博物館には、事務室、講堂、講義室、創作室、コーヒーショップ、廊下などは、一般的に見られるスプリンクラーが天井に設置されていますが、収蔵庫、展示室などは、作品があるため、水による消火ができません。そのため、作品を傷める事が少ないガスによる消火がされます。以前は炭酸ガス消火設備が使われていましたが、ハロゲン化物が出現してからは、炭酸ガスは使われなくなりました。炭酸ガス消火設備は、高圧液体が気化する時に奪う気化熱によって、資料表面に結露を生じる恐れがあるからです。ハロゲン消火設備は気化時の圧力が低く、結露の恐れはありません。この設備は、資料の現状を変えることなく火災から守る唯一の消火方法として重視されていて、博物館建築には不可欠のものとなっています。

既に述べたように、近年は過去の経験からでは予想しえない災害が各地で起こっています。博物

館・美術館も例外ではなく、決して安全な場所であると考えてはならないでしょう。博物館関係者は、常日頃から、作品、観客を守るために、博物館施設の災害対策を考えねばなりません。

＊半澤重信『博物館建築』（１９９1年、鹿島出版会）
＊「阪神大震災における博物館の被害状況について」（『博物館研究』３２1号、１９９5年）
＊河崎晃一「危機管理」、木下達也ほか「展示物の保全」（ともに大堀哲ほか編『ミュージアム・マネージメント』所収、１９９6年、東京堂出版）
＊金山喜昭「地震災害と博物館」（『国学院大学博物館学紀要』第20輯、１９９6年）
＊三世善徳「博物館の建物づくり・報告二」（湯本豪一編『続　美術館・博物館は「いま」』所収、１９９6年、日外アソシエーツ）
＊村井勇「兵庫県南部地震と博物館」（『博物館研究』３４9号、１９９7年）
＊村井勇「博物館における地震対策」（『博物館研究』３５9号、１９９8年）
＊高木博彦「博物館展示の地震対策」（『博物館研究』３６1号、１９９8年）
＊『高知県立美術館１９９8年度年報』
＊神庭信幸「災害に備える」（日比野秀男編著『美術館と語る』所収、１９９9年、ぺりかん社）
＊「美術館・博物館　災害対策急ぐ」（日本経済新聞２００2年9月14日）

Q 美術館や博物館建築の設計者は、どのようにして決めるのですか？

最近では、美術館や博物館の建物は、どれも大きくて立派で、美しいものがたくさんあります。中には、著名な建築家が設計した建物もあります。美術館や博物館建築の設計者は誰が、どのようにして決めるのでしょうか。

A――博物館・美術館の設計者の選定は、博物館・美術館にとって大変重要なことです。博物館・美術館建築の良否は、設計者の選考によりほぼ決まります。したがって、どのような建築家を選定するかにより、開館後の館運営に大きな影響を与えます。

また、建築家にとって、博物館・美術館建築を設計することは、極めて重要なことです。まず、博物館・美術館建築を設計すれば、ほぼ間違いなく何かの賞がもらえます。その実績は、新たな美術館、博物館建築の設計者に選ばれることにつながります。これにより、建築家は高い評価と名声を得ることになり、さらに大きな建築の設計を委嘱される道が開かれます。

ニューヨーク近代美術館（ＭｏＭＡ）は、二〇〇四年11月、改修が完了しオープンしましたが、再開後の最初の企画展は、改築案の設計競技で選ばれた建築家・谷口吉生氏の個展『ナイン・ミュージアム』でした。この企画展は、谷口氏がこれまで設計してきた、法隆寺宝物館（東京国立博物館）、豊田市美術館、猪熊弦一郎美術館など9つのミュージアムを模型、設計図、写真、映像によって紹介するものでした。谷口氏は、ミュージアム建築の設計で国際的評価を得たといえます。このように、博物館・美術館建築の設計者に選ばれることは、建築家としての人生を決める大きな契機となることがあります。

設計者の選定方法には、（1）単独指名、（2）指名設計競技、（3）一般公募競技、の3つがあります。

単独指名は、設立者や建設委員会などの選考により、設計者を特定するものです。公正・適切な選考が確保できる状況で、かつ、設計者の資質を公平に評価できる場合には、最も簡明で合理的な選考方法となります。しかし、外圧、利権が介入する恐れがあり、また、知名度の高い建築家が選ばれやすいことも考えられます。

最近では、建築家数名を指名して、プロポーザルやヒヤリング方式によって設計者を指名する方式も一般的に見られるようになってきました。

このような方式と比較して、今なお多く実施されている指名設計競技は、一定条件を満たした数名の建築家や設計事務所などを指名して競技設計を委嘱する方式で、無駄が少なく、密度の高い設計案が得られやすい利点があります。しかし、かなり詳細な内容までが要求されるので、応募者には多くの時間と労力、費用の負担を強いることになります。にもかかわらず、施主にとっては、複数の案から最も適したものを選定できると考えられるので、地方自治体が建設する博物館・美術館では、指名設計競技はよく行われます。

一般公募競技は、建築家の誰もが応募でき、自由な競技の場が確保され、公正さが保ちやすいのですが、選考にあたっての手間と時間と経費がかかり、また、審査員の人選が適切・公正でないと、すぐれた当選作品が選ばれないことも起こりえます。

公立美術館の一つの例として、世田谷美術館の場合を述べます。

世田谷美術館の設計者を決めたのは、13人で構成される世田谷美術館建設委員会です。顧問は、安達健二（東京国立近代美術館館長。当時。以下同じ）、委員長は、川上秀光（東京大学工学部教授、都市工学）。建築の専門家は、大江宏（法政大学工学部教授）、奥平耕造（東京工芸大学工学部教授）、神谷宏治（日本大学生産工学部教授）、神代雄一郎（明治大学工学部教授）、高橋鷹志（東京大学工学部助教授）の5人。美術の専門家は、嘉門安雄（ブリヂストン美術館館長）、桑原住雄（武蔵野美術大学教授）の2人です。ほかに、造園学の専門家の内山正雄（東京農業大学教授）と、区役所からは、増村荘太郎（助役）、坂本孝（教育長）、佐野公也（総務部長）が加わっていました。委員は、世田谷区長が任命しました。

建設委員会は、まず、博物館・美術館の設計に実績のある設計事務所129社のリストをもとに、二次審査段階で、6名に絞りました。さらに、第三次審査で、次の4名の候補者を選出しました。内井昭蔵、鬼頭梓、曽根幸一、林昌二。さらに、委員会は、最終選考へ向け、「設計担当建築家選考要領」を作成の上、4氏との間で説明会、現地視察および質疑応答の機会をもち、美術館などの公共建築の設計を担当する場合の基本的な考え方の意見書、世田谷美術館基本構想委員会の構想に対する意見書、企画設計図書等を提出するよう要請しました。

4氏から、「設計から工事完了までの責任あるスタッフのリスト」、「世田谷美術館基本構想についての意見書」、「公共建築設計に際しての基本的な考え方」、「砧公園に建設される美術館の企画設計図書」が、建設委員会に提出されました。これにより、建築物の空間構成に関するコンセプト、ディテールの展開と企画設計図などを対象に、建設委員会の審査の結果、内井昭蔵が設計担当建築家に選ばれました。

他の多くの公立美術館も、公平性、公開性を考慮した方法で決められていると考えてよいでしょう。

＊鎌原正昭「世田谷区立美術館コンペ報告—案・組織よりも人を重視」（『日経アーキテクチュア』１８１号、１９８３年）

＊半澤重信『博物館建築』（１９９１年、鹿島出版会）

＊世田谷まちづくりの記録３『世田谷美術館』（１９９３年、世田谷区企画部企画課）

＊野村東太「建築の基本計画・設計および実施設計・施工」（加藤有次・椎名仙卓編『博物館学ハンドブック』所収、１９９８年、雄山閣出版）

Q 博物館・美術館は、計画から開館まで、何年くらいかかるものですか？

博物館・美術館は、建設するのを決めてから開館するまで、どれくらいの年月をかけるものなのですか。また、建物の設計から開館まで、どれくらいかかるのでしょうか。

A——博物館・美術館が開館するまでどれだけの時間をかけるのか、あまり知られていません。このような質問は、ときどき出ます。まず、世田谷美術館の場合を例にとり、年表風に記してみます。

昭和53年（一九七八）6月　「世田谷区基本構想」が議決される
昭和54年（一九七九）4月　「世田谷区基本計画」が庁議決定され、美術館の建設が計画される
昭和56年（一九八一）10月　世田谷美術館基本構想委員会発足
昭和57年（一九八二）3月　「世田谷美術館基本構想」答申
4月　美術館建設準備室開設
12月　基本設計発注
昭和58年（一九八三）3月　基本設計完成
4月　実施設計発注
10月　実施設計完成
昭和59年（一九八四）3月　建設工事開始
昭和60年（一九八五）11月　本体工事完成（外構工事は、継続）

昭和61年（一九八六）3月　開館

世田谷美術館の場合、「基本計画」の決定から開館まで7年かかっていますが、その前年に議決された「基本構想」では、美術館の建設が考えられていたので、計画から8年近くかかった、と見てよいでしょう。建物の基本設計の発注から本体工事完了までに、約3年かかっています。工事完了から開館まで5ヶ月かかりました。さしたるトラブルもなく、順調でした。工事中に大きな台風などの災害に遭い、工事が遅れることもあります。珍しいところでは、宇都宮市美術館の建設工事を始めようとしたら、その近くにオオタカが巣を作っているのが見つかり、ヒナが巣立つまで着工を待った、ということがありました。

本体工事完了から開館までは、少なくとも半年は必要だと言われています。コンクリートから発生するアルカリ因子(アルカリ性物質)が半年以上経たないと安全なレベルまで下がらないからです。アルカリ因子は、作品にダメージを与えます。とくに、近年は、コンクリート打ち込みを容易にするため、コンクリートに大量の水を混ぜてドロドロにさせ、コンクリートミキサー車からホースで流し込むので、乾燥するのに時間がかかり、その間アルカリ因子を発生させると言います。昔は、現場でセメントと砂、砂利を混ぜ、かなり硬いものにして手作業で木枠の中に詰めていました。このようにすると余分の水分がないので、良いコンクリートが出来ました。有害物質も少なかったと言います。今それをやるとなると工期は長くなり、工事費も割高になります。

世田谷美術館の場合、工事完了から開館まで5ヶ月しかなかったので、開館前、若干アルカリ因子が出ていましたが、開館時には許容範囲のなかに収まりました。

工事完了から開館まで1年くらいの期間があるのが望ましいのですがなかなか事情が許しません。
他の博物館ではどうでしょうか。いくつか見てみましょう。平成元年（一九八九）に開館した、新宿区歴史博物館。

昭和53年（一九七八）4月　「新宿区基本計画」に、「郷土資料館」の建設が組み込まれる
昭和57年（一九八二）11月　「新宿区立郷土資料館建設基本構想」が提出される
昭和61年（一九八六）7月　郷土資料館新築工事着手
昭和63年（一九八八）3月　郷土資料館建築工事終了
平成元年（一九八九）1月　開館

新宿歴史博物館では、「基本計画」から開館まで、10年余かかっています。

昭和62年（一九八七）に開館した、パルテノン多摩博物館は、以下のようです。

昭和54年（一九七九）4月　多摩市立資料館建設調査審議会が設置され、多摩市にふさわしい郷土資料館のあり方について検討する
昭和56年（一九八一）3月　多摩市立郷土資料館建設準備委員会が、「多摩市立郷土資料館の展示基本構想及び施設概要等について（答申）」を提出する
昭和57年（一九八二）5月　複合文化施設準備室が設置される
7月　複合文化施設の基本設計を住宅・都市整備公団に委託する
昭和59年（一九八四）5月　複合文化施設建設室が設置される
昭和60年（一九八五）3月　複合文化施設建設工事着手

昭和62年（一九八七）3月　複合文化施設建設工事竣工
10月　パルテノン多摩が開館する

パルテノン多摩は、多摩市立資料館建設調査審議会設置から開館まで8年半かかっていますが、審議会設置以前に郷土資料館建設構想があったので、それを考えると、10年くらいかかったと見てよいでしょう。

平成7年（一九九五）に開館した横浜市歴史博物館を見てみます。

昭和56年（一九八一）「よこはま21世紀プラン」（第1次実施計画）に考古資料館構想が出る
昭和60年（一九八五）「よこはま21世紀プラン」（第2次実施計画）に歴史博物館構想が出る
平成元年（一九八九）12月　横浜市埋蔵文化財センター設立
平成4年（一九九二）10月　横浜市歴史博物館などを管理運営する団体として、財団法人横浜市ふるさと歴史財団発足
平成7年（一九九五）1月　横浜市歴史博物館開館

横浜市歴史博物館は、歴史博物館構想が出てから10年、考古資料館構想から14年で開館しています。

規模の大きな、江戸東京博物館の場合はどうでしょうか。

昭和55年（一九八〇）12月　マイタウン構想懇談会が「マイタウン構想懇談会報告書」を知事に提出
昭和56年（一九八一）8月　東京都江戸東京博物館建設懇談会を設置
昭和58年（一九八三）6月　江戸東京博物館建設準備室を設置

昭和62年（一九八七）10月　東京都江戸東京博物館建設推進委員会を設置
平成元年（一九八九）6月　東京都江戸東京博物館建築に着工
平成4年（一九九二）11月　竣工
平成5年（一九九三）3月　開館
一九八〇年に建設が提言されてから開館まで、12年余かかっています。

豊田市美術館はどうでしょうか。
昭和59年（一九八四）3月　第4次豊田市総合計画（一九八四—一九九〇）の文化施設整備で、豊田市美術館の建設を発表
平成2年（一九九〇）4月　豊田市美術館構想委員会が豊田市美術館構想を答申
平成4年（一九九二）3月　豊田市美術館建設基本設計を策定
平成5年（一九九三）3月　豊田市美術館建設実施設計を策定
　　　　　　　　　　6月　建設工事着工
平成7年（一九九五）6月　建設工事竣工
　　　　　　　　　11月　開館
美術館建設発表から11年半で開館というのは平均的でしょう。
府中市美術館も見てみましょう。
昭和58年（一九八三）4月　総合計画に「美術館の建設」が盛り込まれる

昭和61年（一九八六）4月　文化振興基金に10億円を目標に美術品購入のための積立を開始
平成3年（一九九一）9月　市民参加による美術館建設検討協議会が「府中市美術館の基本構想について」を答申する
平成6年（一九九四）12月　文教委員会に美術館の建設予定地を都立府中の森公園とすること、東北地方の個人が所有する近代洋画のコレクションを一括購入することが報告され、交渉が了承される
平成9年（一九九七）12月　建設工事着工
平成12年（二〇〇〇）6月　建設工事竣工
10月　開館

総合計画から開館まで17年半、基本構想の答申から開館まで9年半かかり、準備期間が長く取ってあります。

博物館・美術館の規模にもよりますが、計画から開館まで10年くらいかかるのが一般的と考えてよいでしょう。

＊各館発行の年報、館概要

Q 博物館・美術館の入館者が減っているって本当ですか？

時々、休みの日に博物館・美術館へ行くのですが、いつも混んでいます。時には、展示室に入るのに、外で30分以上待たされることもあります。それなのに、博物館・美術館の入館者数が減り続けている、と新聞に出ていました。あれだけたくさんの人が展覧会を見に行っているのに入館者が減っているなんて、信じられません。

A―博物館（美術館、水族館、動物園、植物園等を含む）全体として見た場合、入館者数は、一九八六～八八年をピークに減り続けています。博物館数は一九八〇年に2、000余館あったのが、二〇〇一年には3、874館と2倍近くに増加しています。したがって、1館あたりの平均入館者数は、一九八〇、八一年に12万人から13万人だったのが、二〇〇一年には6万余人とほぼ半減しています。

ところが、すべての博物館・美術館の入館者数が減っているのではなく、ある種の展覧会は大勢の観客を集めています。

かつて、世田谷美術館の一九八六年の開館から17年間の企画展の入館者数と年間入館者数との関係を調べたことがあります。その結果、1年に1回、2ヶ月ほどの間開かれる一つの大規模な企画展に、年間入館者の半分以上、ときには、70～80％もの観客が訪れていたことがわかりました。年に1回開かれる大規模な企画展の入館者数が、年間入館者数を左右しています。

たくさんの観客を集める大規模な企画展とは、新聞社、放送会社などのマスメディアが主催者に加わっている海外展です。つまり、その企画展で多くの観客を集め、年間入館者数を維持する、という構造になっています。博物館・美術館は、マスメディアと組んだ企画展でしか観客を集められない、という悲しい事情があるのです。

その結果、1年のうち2ヶ月くらいの間、博物館や美術館の展示室は人であふれ返り、レストラン、コーヒーショップもトイレも行列が出来ますが、残りの10ヶ月は館内は閑散としている、ということになります。入館者の多い展覧会に合わせて人を配置し、設備を作ると、残り10ヶ月は人も設備もほとんど使わず、無駄になってしまいます。平均的入館者数の展覧会に合わせて人を配置し、それに合わせた設備にすると、大勢の観客が来たときには人であふれ、行列が出来、混乱します。実に非効率的です。

これは何も、世田谷美術館に限ったことではなく、他の公立美術館でもほぼ同様です。マスメディアと組んで開く企画展なら人がよべる。それ以外の展覧会には人が来ない。しかも、バブルがはじけたあとは、金のかかる海外展が開きにくくなっている。それで、博物館・美術館の入館者が減っているわけです。

新聞、テレビなどで大きく取り上げられる展覧会にしか行かない人たちには、博物館・美術館はいつでも賑わっている所のように見えるでしょう。しかし、それはごく一部のことで、全体としてみた場合、博物館・美術館へ来る人の人数は減っているのです。

入館者減少の原因のひとつは、やはり景気の後退が大きいと考えられます。ほとんどの家庭では収入が減っているので、まず、教養娯楽費の支出を抑えます。展覧会を見に行く回数を減らし、図録も買わなくなります。

また、税収の減少にともない、博物館・美術館の事業費も減額されます。日本の博物館・美術館は、常設展だけではなかなか観客をよべないので、観客を集めるためにも企画展を開きます。しかし、企画展に充分な予算をあてることができません。苦心して展覧会を開くのですが、その際、2つの方法が考えられます。

①　企画展に経費をかけない　②　企画展の会期を長くする

①と②は、どちらか一つを行うことはあまりなく、両方を同時に行うことが一般的です。

最近は、企画展に経費をかけられないので、担当学芸員は、苦心して経費の節約に努めますが、それも限界が有り、規模を縮小せざるを得ないこともあります。そのため、よい作品があまり出品されないことになります。また、毎年1回は、収蔵作品による企画展を開く博物館・美術館も多くなりました。収蔵作品による展覧会は、経費はあまりかからないのですが、ほとんどの日本の公立美術館は、歴史が浅く、コレクションが不充分ですので、この展覧会ではあまり観客をよべません。

展覧会は、会期が長かろうと短かろうと、かかる経費はほとんど変わりがありません。準備段階での調査、作品の集荷、展示、撤去、返却の経費は同じです。作品の写真撮影、図録の作成、ポスター、チラシの作成等の経費も同様に、会期に関係ありません。監視員のアルバイト賃金と作品に掛ける保険料が少し増えるだけですが、それも展覧会経費全体からみれば、占める割合はわずかです。

このようにして、年に8回開かれていた企画展を年に4～5回にすることにより、博物館・美術館は年間の展覧会事業費を大幅に削減できます。

ある美術ファンは、地元の美術館で開催される企画展はすべて見ると言っていました。ただし、同じ展覧会を2度見ることはありません。美術館で年間8回企画展を開いていたときには、少なくとも年に8回は美術館に足を運んでいたのが、最近は年に4〜5回しか訪れなくなったそうです。同じような人は多いのではないでしょうか。博物館・美術館の年間入館者数が減少してゆくのは、やむを得ないこととというべきでしょう。

デパートの展覧会はどうでしょうか。デパートの展覧会は、多くは2週間程度の会期しかなく、次々と新しい展覧会を開いていくのは、常に観客を呼び込もうとするからです。都心の一等地にあるデパートでは、短い会期で新しい展覧会を次々に打ったほうが、対費用効果という点ではよいと考えられるのでしょう。それと同じ事を、博物館・美術館に求めることはできません。それほど事業予算のある館はありませんから。

このようなわけで、一部の展覧会には多くの観客が押し寄せますが、博物館・美術館全体でみると、入館者は減っています。

＊清水久夫「公立美術館の入館者数」（『博物館研究』421号、2003年）
＊「ミュージアムにビジネスの波」（朝日新聞2003年7月26日）
＊山下裕二「つまらんぞ、大英博物館展」（『文芸春秋』82巻7号、2004年）

Q 博物館の入館料はどのようにして決めるのですか？

私立の博物館では、ほとんどの館が入館料をとっていますが、公立博物館ですと、無料のところと有料のところがあります。また、最近では、国公立の博物館・美術館の展覧会でも、千円を超す入館料をとるところがあります。入館料は、誰が、どのようにして決めるのですか。

A――博物館法では、公立博物館は、原則として入館料は無料とすることになっています。博物館法第23条には、次のように記されています。

公立博物館は、入館料その他博物館資料の利用に対する対価を徴収してはならない。但し、博物館の維持運営のためやむを得ない事情のある場合は、必要な対価を徴収することができる。

この博物館法第23条により、「維持運営のため」の「必要な対価」として、公立博物館でも、入館料をとることができるわけです。

では、実際には、どれだけの博物館が入館料をとっているのでしょう。

やや古いデータですが、『博物館白書・平成11年度版』によれば、平常展（常設展）で入館料を徴収しているのは、国立50・0％、県立73・5％、市立66・2％、町村立72・4％、公益法人立84・7％、会社個人立73・6％でした。館種別にみると、有料館は、水族館93・2％、美術館91・0％と、高い比率を示しています。最も低いのは、郷土博物館の54・2％で、半数近くの館が入館料を徴収していません。金額（一般料金）についてみると、平均の額で最も高いのは、水族館で、1、049円、動水植物園が706円、動物園が537円で、レクリエーション的な機能を持つ博物館の入館料が高い傾向があります。

支出総額に対する入館料収入の割合は、公益法人立43・7％、会社個人立53・0％と、私立博物館では支出の半分前後が入館料となっています。しかし、国立6・4％、県立16・5％、市立19・5％、町村立29・5％で、国立で1割以下、公立博物館でも、支出総額に対する入館料収入の割合は3割に達しません。これを見る限り、ほとんどの国公立博物館では、館の「維持運営のため」の「必要な対価」となっていないようです。

しかし、国立博物館、国立美術館が独立行政法人化された影響によるものか、公立博物館も採算性が求められるようになってきました。また、「受益者負担」という考え方から、これまで入館料が無料だった博物館でも、入館料を徴収するところも出てきました。千葉県では、無料だった県立博物館の入館料を、平成16年4月から徴収するようになりました。

入館料を徴収することにより、チケット販売や〝もぎり〟をするために、人員もより多く必要となり、入場料金の集計などに要する事務量も増え、運営経費も増加します。公立博物館では、予算が厳しく抑制されているため、有料化によって増加する事務経費を展覧会などの事業費を削ることにより得る館もでて来るのではないでしょうか。

一九六〇年12月4日の第11回ユネスコ総会で採択された「博物館をあらゆる人に解放する最も有効な方法に関する勧告」の第7条、第8条には、次のように記されています。

7　観覧料はできる限り無料とすべきである。観覧料が常時無料でなく、または、それが名目的なものに過ぎなくとも、小額観覧料を徴収することが必要であると認められる場合には、各博物館の観覧料は、少なくとも1週間に1日あるいはこれに相当する期間無料とすべきである。

8　観覧料が課せられる場合、これを証明する公の方法がある国においては、低所得者ならびに大家族構成員に対しては、これを免除すべきである。

今日の日本の博物館の行方を見ていると、観覧料の有料化や高額化が進み、博物館法やユネスコの精神は生かされていないことが分かります。

反対に、開館以来入館料をとっていたものを、入館無料としたところもあります。パルテノン多摩には、博物館系施設として、常設展示室を含め3つの展示室があります。昭和62年（一九八七）の開館時には、博物館法に基づかない博物館類似施設であり、かつ財団運営という位置付けから、受益者負担の原則を適用して、全室で観覧料を徴収していました。しかし、年を経るごとに観覧者が減少し、また、展示設備の老朽化や展示内容の新鮮さの欠如などの問題が顕在化し、対応が迫られました。そのような時、平成5年（一九九三）の「いきいきTAMAふれあいフェスティバル」期間中、展示室の無料開放を試験的に実施したところ、5日間で約2、500人の入場者がありました。こうした実績に加え、学校週5日制の実施に対応して無料公開日を設けるなどし、平成10年（一九九八）4月から、常設展示室、ミラクルラボを無料化、マジックサウンドルームの入館料を値下げしました。

このような措置の背景には、開館から10年が経過し、本来ならば展示室のリニューアルがなされるべき時期であるにもかかわらず、財政上の問題から全面的な改装が難しいという事情があり、入館料の無料化と値下げにより対応したものでした。

では、博物館の入館料は、どのようにして決められるのでしょうか。多くの公立博物館では、条例により定められています。世田谷区立世田谷美術館条例第3条には、

美術館等に展示されている美術品等を観覧しようとする者は、別表第1に定める額の観覧料を納付しなければならない。

と記され、別表第1では、常設の展示は、一般個人200円、団体160円等と定められています。このように、常設展の観覧料は固定化されています。

特別の企画の展示については、

「1、500円の範囲内において区長がその都度定める額」

と記されています。「区長がその都度定める」とありますが、実際には、誰がどのようにして決めるのでしょうか。

世田谷美術館では、数年前までは、世田谷区ゆかりの作家の回顧展は600円、区内在住作家による世田谷美術展は400円、などというように開館以来慣例的に定められていた料金があり、それにしたがっていましたが、近年は、展覧会経費に対する目標収入を設定し、それに従い、予想入場者数から入館料を決める方法に改めました。入館料決定のための会議を開きますが、その会議には、以前は、館長、副館長、学芸部長、総務部長、展覧会担当者、経理担当者などが出席していました。採算

性が求められた結果です（しかし、現在どのように入館料を定めているか、わかりません）。他館でも、同じような状況だと考えられます。したがって、経費がかかる展覧会の入館料は、1、000円を超えることになります。

公立博物館では、ユネスコの精神を生かし、常設展の入館料を無料にして、企画展の入館料も低額にし、多くの方々が来館しやすいようにすべきなのですが、現実はそれが許される状況ではありません。公立博物館は、今、このような方向で進んでいますが、その方向を決めるのは、主権者である住民の方々の意思です。つまり、今のまま、採算性を重視して博物館を運営していくのか、社会教育施設として、採算性よりも、広く一般の市民の教養を高めることを重視して運営すべきであるのか、決めるのは主権者です。

＊安達厚三「博物館・美術館の財務・経理」（土屋良雄編『芸術経営学講座1　美術編』所収、1994年、東海大学出版）
＊桜井邦夫「公立直営博物館と公立財団運営博物館」（湯本豪一編『続　美術館・博物館は「いま」』所収、1996年、日外アソシエーツ）
＊『パルテノン多摩平成10年度年報』
＊米田耕司「予算と経営の特色」（加藤有次ほか編『博物館学講座12　博物館経営論』所収、1999年、雄山閣出版）
＊日本博物館協会『博物館白書・平成11年度版』

Q 美術館の施設維持・管理費は高額になっているのですか？

美術館では、館予算（人件費を除く）のうち、80％以上が館の施設の維持・管理費になっているところがある、と新聞で読みました、そこには、館の維持・管理費のなかでは、空調費が大きいとありましたが、美術館では、展覧会を開かなくても、そんなにお金がかかるものですか。

A——読まれた新聞記事は、産経新聞二〇〇四年4月に連載された、「瀬戸際の公立美術館」（公立美術館問題取材班）の2回目、「見えぬ出口」（4月27日）のことでしょう。ここでは、多くの公立美術館では維持・管理費が歳出のなかで占める割合が高く、苦しんでいる実態が明らかにされています。歳出に占める維持・管理費の割合が高い美術館として、千葉県立美術館（約83％）、広島県立美術館（約83％）などが挙げられ、産経新聞によって調査された全国56の都道府県立美術館の館名と維持・管理費の金額と割合があげられています。また、作品購入予算がゼロの公立美術館が増えていること、展覧会予算が削減され、内容の充実した展覧会が開きにくくなっている実態についても記されています。

美術館によって、予算の費目の分類・名称が異なるのですが、産経新聞の記事が指摘しているように、大規模な美術館では、施設の維持・管理費が高額なのは確かです。

ここで、世田谷美術館を例にして、運営費の中に占める人件費と施設管理費の占める割合について述べてみます。

世田谷美術館の平成13年度予算は、歳出合計6億8226万3千円でした。6億8千万余円の内訳を見ると、いちばん目立つのは、人件費の2億8900万円です。全歳出の42%が人件費となっています。施設管理費は1億6224万円で、人件費に次いで多く、全歳出の24%となっています。産経新聞の記事のように、人件費を除くと、施設管理費の割合は41%になります。空調、警備、清掃、エレベーターの保守点検、庭の植栽の手入れなどのほか、コピー代などの事務費も含まれています。人件費と施設管理費だけで、予算の66%を占めています。何も事業をしなくても、これだけの経費がかかるわけです。事業費は1億6665万2千円。施設管理費とほぼ同額で、24%を占めています。

翌平成14年度の歳出予算は6億6571万4千円で、前年度よりもさらに減額されています。人件費は、2億8202万1千円で少し減っていますが、割合は42%で同じです。施設管理費は1億7200万9千円で少し増え、割合も26%になりました。事業費は1億2887万1千円で、割合は19%まで下がりました。

どこでも、税収が落ち、予算が減らされると、人件費や施設管理費は減らしにくいので、まず事業費を減らします。すると、歳出の中で人件費、施設管理費の割合が増え、反対に、事業費の割合が下がります。

バブル景気で税収が多かったときは、事業費が人件費を上回っていました。13年さかのぼる平成元年度の決算書では、支出合計5億5427万8千円でした。人件費は1億8341万円で、割合は33%でした。平成元年当時、まだ分館もなかったので職員の人数が少なく、また、職員の年齢も若く、給料が安かったこともあり、人件費が少なかったのでしょう。事業費は1億9105万円で、人件費よりも少し多く、その割合は34%でした。歳出予算の合計金額が、平成13年度より少なかったにもかかわらず、事業費は13年度より多かったことになります。

館の予算枠が決まっていて、どれを減額すればその枠内に収まるかというとき、事業費を減らすのが最も簡単です。もちろん、人件費、施設管理費も減らしていますが、10％、20％減らせれば良い方で、30％、40％減らすとなると、美術館を閉める以外、ほぼ不可能です。事実、閉館に追い込まれる美術館も出てきました。

どこの美術館でも、館の運営予算が減額されると、事業費が減り、館の予算の中で、人件費、施設管理費の占める割合が増加してくるのです。施設管理費の金額が増えるわけではありません。

では、施設の管理・維持費の割合を下げるにはどうすればよいのでしょうか。話は簡単です。美術館の設立者である県や市の当局者が、美術館の存在意義を認め、事業費を増額し、美術館を活性化すればよいのです。そうすれば、歳出予算の中の施設維持・管理費の占める割合は下がり、健全な美術館運営が実現します。

Q アンケートの目的、使い道は？

よく、博物館の展示室の出口などに、アンケートを書くコーナーがあります。ときおり、アンケートを書いている人を見かけますが、アンケートはどのような目的があってとるのですか。また、どのように使われるのですか。

A―多くの博物館・美術館では、展示室の出口近くにアンケート用紙が積んである机が置かれ、その脇にアンケートを入れる箱があります。一体、何のためにアンケートをとるのか、書く側にとっては気になるところです。以下、アンケートをとる側の立場から述べてみます。

アンケートでは、質問項目が10程度というのが一般的です。項目が多いと、書いてくれる人が少なくなってしまいます。

主な質問項目は、何でこの展覧会を知ったのか、住んでいる地域（市内、県内、県外など）、利用交通機関、何回目の来館か、性別、年齢（10代、20代、30代、40代、50代、60代、70代以上）、職業、展覧会の満足度などです。

アンケートは、展覧会ごとに集計します。男女比、年齢層、何で知ったか（新聞、雑誌、テレビ、ポスター、知人から聞いて、など）、住んでいる地域、などについて、それぞれ比率を出します。このデータは、博物館・美術館にとって重要で、広報活動などのさい大変役立ちます。

世田谷美術館では、男女比は、およそ6対4で女性が少し多かったのですが、展覧会によっては、男女ほぼ同数のときもありました。年齢層は、展覧会により大きく変わります。現代美術の展覧会では、10代、20代が多く、寺宝展などでは、年配の人が多くなります。50代、60代の女性は、いずれの展覧会へもよく出かけます。何で知ったかに関しては、年齢層により若干の違いが見られます。最近では、年齢が下がるほど、インターネットや情報誌で知ったという人の割合が増え、年齢層が上がるほど、新聞、雑誌、テレビで知ったという人の割合が増えます。若い人ほど新聞などの活字を読まず、あまりテレビも見ないのでしょう。また、男女、年齢に関わらず、どのような展覧会でも、「知人に聞いて」がかなりの比率を占め、〝口コミ〟が大きな力を持っていることが分かります。

住んでいる地域では、世田谷区内が3分の1、都内が3分の1、都外が3分の1、というのが一般的な傾向ですが、マスメディアが展覧会事業に加わる大規模展の時は、区内在住の人の比率が下がり、都外からの来館者が半数前後になります。田園都市線、小田急線を使って、神奈川県から来る人が多いのですが、埼玉県、千葉県、茨城県など遠方から来る人もいます。反対に、世田谷ゆかりの作家展のような地味な展覧会の時は、世田谷区内からの来館者の割合が半数近くに増え、都外から来る人の割合が、4分の1前後に下がります。テレビや新聞で大きく取上げられる展覧会の時は、遠方からでも見に来ますが、ローカルな作家の地味な展覧会のときは、美術館の近くに住む人たち、あるいは〝固定客〟と言うべき人たちが見に来るということでしょう。

これは、美術館へ来館した回数にもよく表れています。質問項目は、①初めて、②2回目、③3回目、④4回目、⑤5回以上、の5つから選ぶのですが、アンケートの回答では、初めて来た人が3分の1、5回以上が3分の1、というのがおおよその傾向です。それが、大規模展になると、初めて来館したという人が3分の1を越え、半数近くになることもあります。それに反して、5回以上来館したという人の割合が減ります。4分の1、あるいは、5分の1になることもあります。恐らく、5回以上来館している〝固定客〟の実数にそれほど大きな変化はないのでしょうが、初めて来館する人の数が増えたことにより比率が下がったのでしょう。反対に、館独自で行う地味な展覧会の時は、初めて来館する人の割合が3分の1より小さくなり、5回以上来館したことのある人の割合が大きくなります。来館者の多くは、〝固定客〟であるといえましょう。〝固定客〟のほとんどは、どのような展覧会でも見に来てくれる、ありがたいお客様なのです。

世田谷美術館に限らず、他の公立博物館・美術館についても同様なことが言えるように思います。満足度は、どの展覧会でもかなり高くなっています。しかし、これをそのまま来館者すべての満足度と言えるかどうかは、いつも議論されました。つまり、アンケートを書きたい人だけが書くわけですから、展覧会を見て良いと思った人たちがアンケートを書くのではないか、ということです。私自身の経験から言っても、恐らくそうかもしれませんが、明確な答えは出ていません。

長期にわたってアンケートを採っていると、展覧会により来館者の層が異なることが分かります。この他、展示室に座っている監視員の観察記、館員が展示室を巡ることにより、男女比、年齢層なども掴めます。

これらのデータを蓄積し、展覧会の広報作戦を立てる際、資料として使います。それにより、田園都市線のどの駅に重点的にポスターを貼るか、というようなことを決めて行きます。また、ミュージアム・ショップの商品の品揃えなども考えます。

余談ですが、年配の人が多く来る展覧会の時は、レストランが繁盛し、ミュージアム・ショップの売上も伸びる、と言われています。若年層との経済力の差があることと、年配の方の多くは、知人へのお土産をミュージアム・ショップで買い求めるのでしょう。

また、アンケートは、住所・氏名を記すものと、記さないものがあります。記すものでは、ダイレクトメールで、展覧会・催し物の案内を送るところがあります。近年、個人情報保護の立場から、住所・氏名を記すことは減っているようです。

アンケートには、自由記入欄のあるものがあります。私が勤めていたころ、自由記入欄だけは、数日に一度は目を通すようにしていました。そこには、不都合な点の指摘、受付、監視員への苦情などが記されることがあるからです。簡単に直せるところはすぐに直し、あるいは、アンケートをコピーして回覧し、注意を促すこともありました。

このように、自由に記入してもらうアンケートの他に、係員が出口付近で来館者に質問をするものもあります。このようなアンケート調査のほうがサンプル数が多く、データの信頼度も高いのですが、経費や手間がかかり、たびたび行うことはできません。

その中間的なものとして、アンケートを書いてくれた人に対し、絵葉書や次回の展覧会の招待券を差し上げることもしますが、やはり、経費と手間がかかるので、会期中3日間だけ行う、というように限定的に実施していました。

どのようなものにしても、アンケートは、マーケティング・リサーチの一つであり、博物館利用者を知るための重要な材料と考えてよいでしょう。

博物館・美術館を訪れたさい、時間が許せば、気付いたことをアンケートに書くことをお勧めします。博物館・美術館では、アンケートを読んでいます。不都合な点や不満に思ったことを記せば、次回その博物館・美術館を訪れた時、改善されているかもしれません。

（註）現在、世田谷美術館のアンケートには、性別に関する質問事項はありません。

＊村井良子、川嶋・ベルトラン敦子「博物館における行政評価と来館者調査の基本」（村井良子編著『入門ミュージアムの評価と改善』所収、2002年、アム・プロモーション）

Q 博物館ではどうして自動券売機を設置しないのですか？

ある博物館へ行った時、受付に制服を着た女の人が二人座っていて、チケットを売っていました。しばらく様子を見ていたのですが、それほどたくさんお客さんが来るわけでなく、暇そうにしていました。博物館は、どこでも予算が削減され、運営が厳しいと言います。鉄道など、とっくの昔に自動券売機・自動改札機になっています。博物館でも、自動券売機にすれば、運営費の節約になると思うのですが。

A 自動券売機を設置して経費の削減を図ったらどうか、という声は、博物館内部の職員からも出ることがあります。しかし、実際に自動券売機を置いてある博物館はあまりありません。東京国立博物館、国立科学博物館など、多数の入館者があるところで、しかも、常設展の入場券だけです。

博物館に自動券売機を設置することには、さまざまな問題があります。また、自動券売機を置くべきでない、と考える人もいます。

博物館の入場券（観覧券）は種類が多く、しかも、学生証などによるチェックが必要です。館によって若干分類は異なりますが、①一般、②大学・高校生、③中学・小学生、④シニア（65歳以上）、⑤障害のある方、の5種類というのが一般的ではないでしょうか。また、それぞれ20人以上になると、団体割引が適用されます。一般以外はチケット販売のさい、学生証や免許証などの提示を求め確認しますが、これは機械ではできません。自動券売機の傍に職員がついていて、チェックしてからチケットを購入するのでしょうか。これでは、さして人件費の節約にはなりません。会場入口のチケットのもぎりでチェックすればよい、とも考えられますが、学生証を持たない学生が学生料金のチケットを買った場合や、65歳以上であることを証明する身分証をもたないシニアの人がシニアのチケットを買った場合など、その対応が難しく、来館者、職員ともに不愉快な思いをすることが多発することでしょう。大人と子供の2種類しかなく、身分証のチェックが不要な鉄道の自動券売機と大きく異なるところです。

博物館には年配者の来館が多く、慣れない自動券売機でのチケット購入に戸惑うことが予想されます。身障者の方も来られます。手助けが必要で、無人化はできないでしょう。

また、受付に座っている人は、チケット販売をするだけでなく、案内係も兼ねています。コインロッカー、トイレ、レストラン、売店など館内だけの案内だけでなく、バス停の場所、バスの時刻表、近くにあるほかの博物館への行き方など、さまざまな質問に答えます。観客が持ってきた大きな荷物を受付で預かることもあります。展示室内への傘の持込が禁止されていますが、そのチェックも券売のさいに行います。したがって、自動券売機を置いても、案内係は必要になります。

以上のことを考えると、自動券売機を設置してもさして経費の削減につながらず、むしろ、機械の設置及びその後の保守管理や修理に要する経費が余分にかかる恐れもあります。

経費以外の面でも、自動券売機の設置には問題があります。博物館を訪れた人が第一にすることは、入場券を買い求めることでしょう。博物館に入ったら、自動券売機がズラリ並んでいて、そこで入場券を買う。博物館の第一印象としては、あまり好ましいものではありません。博物館に来た時ぐらい、顔を見て、人の手から入場券を買い求めたいと思うのではないでしょうか。

また、記念になるので、入場券の半券を集めている人もいますし、そうでないまでも、文字だけが印刷された味気ない入場券よりも、デザイン的にも美しい入場券を手にしたいと思う人は多いでしょう。

京都の「博物館さがの人形の家」では、昭和63年（一九八八）の開館時、当時では珍しかった自動券売機や入口の自動ゲートを設置したのですが、台東区立下町風俗資料館の人が来館したとき、「これでは入館者との会話がない」と言い、声をかける事の重要性を話したそうです。館長（当時）はそれに共感して、自動券売機等の撤去を命じました。時代は機械化より体感の時代であり、心の満足の時代です。博物館には、自動券売機は似合わない、と館長は言っていました。全国博物館大会での報告を聞いて、博物館はやはり、人と人とが交流するところなのだと感じました。

Q 演奏家が自分の作った曲を演奏した場合、演奏家に著作権使用料を支払うのですか？

美術館のホールで、ピアニストのKを招いてコンサートを開きました。演奏曲はすべて、Kが作曲したものです。Kに充分なギャラを支払ったにもかかわらず、美術館は後日、日本音楽著作権協会（JASRAK）から、演奏曲の著作権使用料を請求されました。Kには、すでに演奏終了後ギャラを払っています。その上、自分が作曲した曲を演奏したからといって、それに対する使用料を払うのは、ギャラの二重取りではないでしょうか。

A――この質問は、学生諸君の中から出されたものでなく、同業者から受けたものです。学芸員を目指す学生諸君には必要と思い、ここで取上げました。

最近は、美術館の運営予算削減でひところより減ったとはいえ、美術館でコンサートを開くことはよく見られます。美術館の学芸員も、音楽著作権に関するある程度の知識は要求されます。この事例によく似たことを私も経験しました。

演奏することと作曲することとは、対価を支払うということに関しては全く別のことです。出演料は演奏に対するもので、著作権使用料は作曲した曲を使用することに対するものです。演奏家がたまたま作曲家と同一人であったというだけのものです。従って、ギャラとは別に著作権使用料を払わねばなりません。歌手が、自分で作詞・作曲した曲を歌った場合は、出演料とは別に、詞と曲に対する使用料を支払わねばなりません。繰り返し言うように、歌うことと、作詞・作曲することは、別の行為です。

ただし、演奏者がノーギャラで、なおかつ入場無料のコンサートでは、営利を目的としないとされ、著作権使用料を支払う必要はありません。

では、演奏家が即興で演奏した場合はどうなのでしょうか。私が勤めていた美術館で即興演奏を行ったときは、ＪＡＳＲＡＫを含め誰からも使用料を請求されませんでしたので、支払いませんでした。

Q 自分の持っている絵を絵はがきにしてはいけないのですか？

親戚のおじさんが、ある有名な日本画家の絵を数百万円で買いました。おじさんは、その絵が好きなので、絵はがきにして親戚・知人に配りました。それを知った画家の代理人という人が来て、絵はがきを配るのを止めるように言い、残った絵はがきの引取りと、金の支払いを要求してきました。おじさんは、すでに絵を買うのに数百万円を払ったのだから、その絵はがきを作るのに金を払う筋合いはない、と言っています。

A―おじさんのしていることは、著作権法に違反しています。悪意はないとはいえ、許される行為ではありません。

作品の所有権と著作権は別のものです。おじさんは、絵の所有権を買ったのであって、著作権を買ったわけではありません。作品を写真に撮って、絵はがきやポスターを作ったり、画集にするなどの複製権は、著作権所有者（この場合、画家）にありますから、画家に無断で絵はがきを作ることは許されません。たとえそれが販売を目的としないものであっても同じです。美術館では、館所蔵作品の絵はがきを作るとき、著作権所有者の許可を得、使用料（価格の10％）を支払っています。皆さんが美術館で絵はがきを買うと、その代金の中に著作権使用料が含まれています。

ところが、美術館が展覧会カタログを作るときは、一般的に、作者（あるいは、著作権所有者）に使用料を支払わずに作品写真を掲載しています。著作権法第47条に、

美術の著作物等の展示に伴う複製

展覧会のさい、作品の解説、紹介を目的とする小冊子に掲載する行為には、複製権は及ばない。

とあるからです。

ところが、最近のカタログは全作品がカラーで掲載され、画集と変わらないくらいに美しく印刷されています。これを、〝小冊子〟といえるかどうかが問題となっています。著作権法が制定された戦後間もない頃の展覧会カタログを見ると、まさしく〝小冊子〟というべきもので、粗末な紙に、色の悪い印刷がされている、せいぜい20～30ページほどのものでした。今日作られているカタログとは比較になりません。そのため、法律家の書くほとんどの著作権に関する本には、鑑賞用になるような豪華な展覧会カタログの場合は、著作権使用料を支払うべきだと書かれています。

昭和61年（一九八六）に、新宿の小田急デパートで開かれた「レオナール・フジタ展」のカタログで、主催者は遺族から著作権法違反で訴えられました。その背景には、展覧会自体に遺族は乗り気でなく、さらにその展覧会に出品したくない作品が含まれていたことがありました。もともと著作権者である遺族は展覧会に不満足ということもあり、展覧会の開催は中止させられないが、カタログは小冊子の範囲を超えた著作物であると訴えたわけです。東京地方裁判所は「この水準では実質的な観賞用画集であり、著作権法でいう著作権の制限、美術の著作物の展示に伴う複製、小冊子とはみなしがたい」との判断を示し、被告にカタログの頒布を禁止し、一冊の本として著作権使用相当の損害賠償の支払いを命じました（この裁判は、その後和解となりました）。

このようなことから、美術館は著作権者を尊重すべきだと言われていますが、美術館の現場レベルでは、未だ最終的に決着はついていないように思えます。

美術館の学芸員の立場からすれば、出品作品の著作権所有者の許可を得て使用料を支払うようになると、手続きに要する時間、経費の増加により、ますます展覧会が開きにくくなることは間違いないでしょう。それは、美術館だけでなく、作家にも不利益をもたらすことになるのではないでしょうか。

＊井出洋一郎「美術館に必要な法律・著作権法」(『新版・美術館学入門』所収、２００４年、明星大学出版部)

Q 屋外彫刻の写真を撮ってはいけないの？

美術館で展覧会を見た後、庭を歩いていたら、きれいな彫刻が目に入りました。気に入ったので記念にと思い、彫刻の横に友達を立たせ、写真を撮りました。そこへ、美術館の人が通りかかり、作品を写真に撮ってはいけないと言われました。美術館の外なので、写真を撮っても良いと思いました。屋外彫刻の写真を撮るのは、禁止されているのでしょうか。

A ―一般的に、美術館では美術作品の撮影が禁止されているので、美術館の庭に設置されている彫刻も展示室内の作品と同様、撮影禁止だと思っている人は多いようです。屋外に設置された彫刻は、展示室内の作品とは異なる扱いをされます。

屋外にある彫刻作品は、写真撮影をしてもかまいません。著作権法第46条には、街路、公園その他一般公衆に開放されている屋外に恒常的に設置されている彫刻などは、いずれの方法によるかを問わず、利用することができる、とあります。「街路、公園その他一般公衆に開放されている屋外」には、美術館の庭も含まれます。ですから、彫刻だけを写真に撮ることもできます。気に入った彫刻作品を写真にとって、自分の部屋に飾って楽しむこともできます。

ただし、屋外彫刻の複製を作って他の人に譲ったり、彫刻作品の絵葉書などを作って販売することなどは禁じられています。

彫刻を屋外に設置すると、屋内に置くのと異なり、写真撮影などされるのを防ぐことは難しくなります。そのため、所有者が屋外に彫刻を設置するには制約を受けます。

作品の所有者は、作品を展示する権利（展示権）を持っていますが、屋外に設置する場合は、展示権をもちませせん（第45条第2項）。著作権所有者の権利を侵す恐れがあるので、許諾を得ねばなりません。作者が彫刻を屋外に設置することを許可した段階で、写真撮影などの許可を与えたのだと考えてよいでしょう。

Q 美術館に来る人は、どのような人たちなのですか？

美術館は、おしゃれなところで、展覧会を見るに来る人も、知的で、教養のある人たちのような気がします。実際のところ、美術館には、どのような人たちが来るのでしょうか。

A ―今では考えられませんが、一昔前には、美術館は特別な場所で、選ばれた人たちが来るところ、と見られていました。最近はそのようなことはなくなりましたが、それでも、美術館の観客は、遊園地や動物園、あるいはテーマパークに来る人たちとは異なっているように見えます。美術館の観客とは、どのような人たちなのでしょうか。

この問いに、一つの明確な答えを出したのが、フランスの社会学者ピエール・ブルデューです。世界的に著名な学者は、しばしば来日し、日本でもよく知られていましたが、二〇〇二年はじめに死去し、日本の新聞でも大きく報じられました。

一九六四～六五年に、ブルデュー指導のもと、美術館の観衆調査をしました。フランスの地方美術館を中心に、オランダやスペイン、ギリシャなど5カ国で調査を行いました。美術館に来た人を対象にしたアンケート調査をしましたが、質問票は4種類あります。項目は、質問票により若干異なりますが、共通しているのが、性別、職業、配偶者の職業、学歴、初めて美術館へ行った時のこと（何歳の時、誰と）です。職業と学歴については、詳しく聞いています。質問票の一つには、月収を問うものもあります。美術館の協力を得て、1、000サンプル採集しました。この調査によって、美術館を訪れる人の多くが、高学歴で、上流階級と中流階級に属する人であることが分かりました。

フランスでの調査によれば、学歴では、31%がバカロレア（大学入学資格者）合格者、24%が大卒以上。学歴を持たないのは9%ですが、そのうち4分の3は小学生でした。

職業では、農民1%、生産労働者4%、職人・商人5%（多くはデザイン、美術の仕事に携わっている人）、事務労働者及び中級管理職23%（うち小学校教員が5%）、上流階級が45%でした。

また、15歳未満に初めて美術館へ行ったのは、庶民26%、中流37・5%、上流56%で、上流階級では半数以上の子供が美術館へ行くが、庶民では4人に一人だけ、ということになります。この調査は、各方面に大きな衝撃を与えました。

日本では、社会学者の山下雅之氏が同様の調査を行いました。山下氏は、ピエール・ブルデューらの著書『美術愛好』を翻訳し出版したことで、美術館の観衆調査に興味を持ちました。氏は、ブルデューが作成したものをもとに調査票を作り、滋賀県立近代美術館、京都国立近代美術館、兵庫県立近代美術館、国立西洋美術館など6つの美術館でアンケート調査をしました。約2、500人の調査票を得、それにより、美術館の訪問者がかなりの高学歴であることを明らかにしました。つまり、短大・高専・四年制大学を合わせると、高学歴者が59%、ほぼ6割になります。日本の大学（短大を含む）進学率は、一九六〇年で10・3%、一九九〇年でも36・3%なので、全世代の平均は20%程度と考えられます。そこから考え、美術館の訪問者で6割が高学歴者というのは、かなり高い数字と言わねばならないでしょう。

学歴を年齢別に見ると、若い人ほど高学歴の割合が多いのは、戦後進学率が上昇したからです。20代、30代では高学歴者が7割を超えています。それにより、美術館訪問者全体の学歴が高くなっています。

はじめて美術館を訪れた年齢では、小学生時代26％、中高生時代が27％で、ほぼ同じです。ついで、18歳以上24歳までが12％、小学校入学前が9％。ほとんどの人が、かなり早い時期に美術館訪問をしていて、24歳までに美術館体験済みの人は9割を越えます。しかも、高学歴の人ほど、小学校のころまでに親と一緒に美術館を訪れています。つまり、高学歴の人ほど幼少から美術館を訪れる、恵まれた家庭環境にあって、大人になってからも美術館を訪れる、ということでしょうか。環境が大事で、幼少から無意識に教化されるものこそ最も自然で適切である、と山下氏は述べています。

今日でも、美術館を訪れる人は、高学歴（恐らく高収入）の人たちが多い、と言えるでしょう。

なお、ブルデューは、クラシック音楽のコンサート、オペラを鑑賞する人たちについても調査を行っていますが、美術館の来館者と同じように、高学歴で、上・中流階級に属する人たちがほとんどである、という結論を得ています。

*山下雅之「社会学」（並木誠士ほか編『現代美術館学』所収、１９９８年、昭和堂）
*宮島喬『文化と不平等』（１９９９年、有斐閣）

Q アメリカやフランスの美術館では、何人くらいの人が働いているのですか？

ルーブル美術館の舞台裏を紹介した映画を見たのですが、実に多くの人たちが働いているのが分かりました。欧米の他の美術館でも、私たちの見えないところで、たくさんの人がいるそうですが、何人くらい働いているのでしょうか。日本の美術館に比べ、たくさんの職員がいるそうですが、どうしてそんなにたくさんの人が働いているのでしょうか。

Ａ――ルーブル美術館の内側に初めてカメラが入り、記録映画が作られました。その映画は、ニコラ・フィリベール監督のドキュメンタリー作品「パリ・ルーブル美術館の秘密」です。大変興味深いドキュメンタリーで、日本でも上映されたので、見た人も多かったことと思います。映像によってルーブル美術館の舞台裏を見せたのは、初めてのことでした。

日本の美術館の制度は、言うまでもなく欧米からの「輸入品」です。そのため、その活動・運営などの多くは、欧米のそれと同一あるいは近似しています。しかし、そのままの形で移入されたものがある一方で、いくつか大きく異なる点があります。その一つが、美術館で働く職員の数です。

ニューヨーク近代美術館には、600人の職員がいて、学芸スタッフだけで45人います。シカゴ美術館には正規のスタッフだけで600人以上いて、メトロポリタン美術館には常勤職員が約3000人います。入館者数世界一を誇るルーブル美術館では1、200人の職員がいて、学芸スタッフだけで約120人います。イギリスのナショナルギャラリーには常勤職員が約300人います。これらの美術館は、いずれも世界的に名の知られている美術館ですが、欧米のある程度の規模の美術館ではそれに近い人数の人が働いているとのことです。

それに対し、日本の美術館では、職員は極端に少数です。文部科学省の平成14年度社会教育調査によれば、登録博物館・博物館相当施設1、120館の1館あたりの職員数は、14・8人で、そのうち専任は10・2人（専任学芸員は2・6人）でした。博物館類似施設4、243館では、1館あたりの職員数は6・3人で、そのうち専任は3・0人でした。専任学芸員は、0・3人ですから、学芸員のいない博物館の方が多いことになります。この数字は、歴史博物館や科学博物館、動植物園などを含めたものですが、美術館でもそれほど大きく変わることはないでしょう。

日本を代表する美術館、東京国立近代美術館では、工芸館、フィルムセンターを含めても、学芸系職員は24人しかいません。都道府県立美術館をみると、北海道立近代美術館が14人、東京都現代美術館が15人、兵庫県立美術館が13人と比較的多いのですが、岩手県立美術館、群馬県立近代美術館などが10〜11人で、これが県立美術館の平均的な学芸員の数でしょう。

このような、欧米と日本の美術館の職員数の隔たりの大きさは、単に日本の美術館が規模が小さいとか、美術館の活動が活発でないということだけでは説明できません。日本の美術館が極端に少ない人数で運営できるのは、多くの仕事について、「外部発注方式」をとっているからです。

欧米の美術館では、作品の展示作業、展示会場ディスプレイは、館内の職員が行います。シカゴ美術館では、学芸部が10部の専門分野に分かれていて、その各部には作品を取り扱う技師が5〜6人います。彼らは、普段は自分の属する部で仕事をしていますが、大きな展覧会や陳列替えの時などは、他の部へ応援に行きます。アメリカの場合、セキュリティーの問題があるため、外部の人には絶対に作品に触らせないので、館員だけで作業をします。欧米のある程度の大きさの美術館では、自前で展示の作業員を抱えています。

また、地下にはディスプレイの工房があり、ミュージアム・デザイナーが監督し、看板をはじめ、ほとんどの木工品や写真文字パネルは、美術館内で製作しています。展示台なら、寸法と素材を指定して頼めば、ほぼ頼んだものが出来上がってきます。基本的に、手作りなのが特徴です。ポンピドー・センターの広大な地下には、さまざまな工房や映像の編集施設などがあります。写真や素描にフレームをつける工房、台座や再構成のコーナーを作る木工部、照明や電気の配線を担当する電気部、壁面や台座の色彩を司る塗装部、会場で使う拡大写真パネルを焼ける写真ラボ、ヴィデオの制作や編集ができる映像スタジオがあり、常時、熟練の職人（アルチザン）やプロのカメラマンや監督が仕事をしています。ポンピドー・センターには自給自足の展覧会コミュニティが備わっていて、作品を他館に貸すための梱包部まであります。

欧米の美術館の学芸員が驚くことは、日本の美術館では、作品の修復を外部業者に委託していることです。美術館の貴重なコレクションを外部の人間にゆだねるということが、彼らには信じられないのです。日本の美術館には、作品を修復できる職員はごくわずかしかいないので、館収蔵作品を外部の修復家に委託せざるを得ないのです。このように、欧米の美術館が館内部で行っている仕事の多くを、日本の美術館では外部に発注しているのです。

日本に近代美術館ができたのは、戦後のことです。一九五一年11月、鎌倉に神奈川県立近代美術館が開館し、同じ年の12月、京橋に国立近代美術館が開館し、日本における近代美術館の歴史が始まりました。しかし、それよりはるかに長い歴史があるのが、百貨店で開かれる美術展でした。

百貨店で美術展が開かれるのは、欧米には見られない、日本独特のものです。日本では、百貨店美術展は長い歴史をもち、それゆえ、美術ファンの間では定着していると言えましょう。いまだ、日本で美術館が作られていなかった明治末にはすでに、東京、大阪の三越呉服店を中心に、大阪・京都の高島屋呉服店なども加わって、百貨店で盛んに美術展が開かれるようになりました。大正末になると、その企画に新聞社が大きく関わってきます。今日みられるような形の、新聞社が主催者となって、百貨店を会場とする美術展が出来上がっていたのです。恐らく、新聞社が、社屋の一部や関係施設で展覧会や講演会を開くことを参考にして、都市部での展示スペースの需要から自然と百貨店で美術展を開催するようになったのでしょう。そして、百貨店では、展覧会を開く際、作品の展示作業、会場ディスプレイなどを外部業者に委託していたのです。

日本に近代美術館が誕生したとき、すでに百貨店美術展は、半世紀にわたる歴史を持っていました。しかも、そこには、社会的な影響力をもつ新聞社がついていました。その与えられた歴史的前提に、近代美術館の活動は縛られざるを得ませんでした。

日本の美術館が、外部業者に展示会場のディスプレイだけでなく、作品の展示をも委託するのは、欧米の美術館では見られないことです。戦後、美術館ができた時、このような専門業者が存在していた日本では、欧米が美術館の内部組織で作品展示、ディスプレイを行うのと異なり、外部の専門業者に仕事を委託していました。それが、日本の美術館の職員数が欧米の美術館に比べ非常に少ない理由の一つです。

＊岡部あおみ『ポンピドゥー・センター物語』（1997年、紀伊国屋書店）

＊田中豊稲「新聞」（並木誠士ほか編『現代美術館学』所収、1998年、昭和堂）
＊蓑豊「学芸員の認定と養成の現状について」（全国美術館会議第14回学芸員研修報告書、1999年）
＊清水久夫「美術館の『外部発注方式』」（『アートマネジメント研究』第2号、2001年）
＊井出洋一郎『新版・美術館学』（2004年、明星大学出版部）

Q 指定管理者制度とは何ですか？

県立や市立などの公立博物館・美術館を民間会社でも経営することができる「指定管理者制度」ができたと、博物館雑誌にでていましたが、「指定管理者制度」って、何ですか。

A――「指定管理者制度」とは、博物館に限らず、公民館、図書館、スポーツ施設、公園など、地方公共団体が設置した公の施設の管理を、株式会社、NPO（非営利団体）法人、民間団体等（指定管理者）に委託できる制度です。

既に、図書館、医療・福祉関係の施設で、一部の業務が第三者に委託されるところがありましたが、この指定管理者制度の下では、一部の業務にとどまらず、施設の管理それ自体を、企業やNPO法人などに任すことができます。

これは、二〇〇三年9月に、地方自治法第244条の二が改正されたためです。改正前の条文は、以下のとおりです。

3　普通地方公共団体は、公の施設の設置の目的を効果的に達成するため必要があると認めるときは、条例の定めるところにより、その管理を普通地方公共団体が出資している法人で政令で定めるもの又は公共団体若しくは公共的団体に委託することができる。

改正後は、以下のとおりです。

3　普通地方公共団体は、公の施設の設置の目的を効果的に達成するため必要があると認めるときは、条例の定めるところにより、法人その他の団体であって当該普通地方公共団体が指定するもの（以下本条及び第二百四十四条の四において「指定管理者」という。）に、当該公の施設の管理を行わせることができる。

これにより、これまで、公の施設の管理委託をすることができる団体は、①公共団体、②公共的団体、③地方公共団体、③地方公共団体が二分の一以上出資した法人、の3つに限定してしか管理を委託することができなかったものが、それ以外の法人その他の団体も管理を委託されることが可能になったのです。

小泉政権の目玉の行政改革で、よく言われる「民間にできることは民間に」の推進につながるとされています。その背景には、長引く地方財政の悪化があります。

指定管理者制度導入の目的として、公の施設に係る管理主体の範囲を民間企業まで広げることにより、住民サービスの向上、行政コストの削減が図れ、この制度の活用により地域の振興及び活性化が図れるとされています。

いくつかの民間企業は、厳しい経営環境にある現状で、新たなビジネスチャンスの到来とばかりに、指定管理者指定参入へ高い関心を示しているといいます。

既に、東京都中野区では、二〇〇四年4月から、8つある区立図書館の運営の一部を企業とNPO法人に委託しています。山梨県山中湖村に二〇〇四年春に開館した村立図書館「山中湖情報創造館」は、NPO法人「地域資料デジタル化研究会」が運営しています。北九州市にある小倉城と学習施設

「水環境館」は、二〇〇四年4月から、市が100％出資した株式会社と都市整備公社に代わり、地元のデパート井筒屋が運営しています。このように、公の施設をNPO法人や企業が運営する動向は広がっています。

日本博物館協会が全国の711の博物館に依頼して二〇〇五年五月に実施した指定管理者制度実態調査によると、回答した429館のうち、既に導入されているのが11館、導入が決まっているのが68館、導入が検討されているのが88館で、導入の予定がないのは、半数以下の206館でした。

しかし、施設の管理を委託すると言っても、さまざまな条件がついています。同条文の、第4項以下を見てみます。

4　前項の条例には、指定管理者の指定の手続、指定管理者が行う管理の基準及び業務の範囲その他必要な事項を定めるものとする。

5　指定管理者の指定は、期間を定めて行うものとする。

6　普通地方公共団体は、指定管理者の指定をしようとするときは、あらかじめ、当該普通地方公共団体の議会の議決を経なければならない。

7　指定管理者は、毎年度終了後、その管理する公の施設の管理の業務に関し事業報告書を作成し、当該公の施設を設置する普通地方公共団体に提出しなければならない。

（中略）

10　普通地方公共団体の長又は委員会は、指定管理者の管理する公の施設の管理の適正を期するため、指定管理者に対して、当該管理の業務又は経理の状況に関し報告を求め、実地について調査し、又は必要な指示をすることができる。

11　普通地方公共団体は、指定管理者が前項の指示に従わないときその他当該指定管理者による管理を継続することが適当でないと認めるときは、その指定を取り消し、又は期間を定めて管理の業務の全部又は一部の停止を命ずることができる。

ここから分かるように、地方公共団体が指定管理者制度へ移行するためには、都道府県市町村の手続きとして、その施設に管理代行が不可欠な根拠とは何か、また、どのような施設管理方法が適切なのか検討を行った上で、条例改正する必要があり、指定管理者の選定も議会の議決によります。

今、博物館を設置するいくつかの都道府県市町村では、指定管理者選定の前段階である、施設に管理代行が不可欠な根拠とは何か、また、どのような施設管理方法が適切なのかの検討が行われていま す。その検討の結果、管理代行が相応しい、となると、条例改正を行い、施設管理の条件を示し、管理運営を希望する団体を募り、その中から、最も安く、効率的に運営する団体を議会が選定します。この制度導入期限は、二〇〇六年9月ですが、事前の博物館設置条例改正や予算措置の必要から、実質的なリミットは平成17年度中とされています。

博物館関係者の間では、民間会社等が博物館の管理を請け負うことができるのだろうか、という議論がありましたが、二〇〇四年9月、文部科学省では博物館も指定管理者が管理することが可能である、との指針を出しました。それでも、多くの博物館関係者は、危惧しています。

まず、博物館は、作品、資料保存機関であるという使命をもち、民間企業が、作品、資料の保存から展示環境までを含めた取り扱いを請け負う受け皿になり得るのか、との疑問があります。民間企業が、利潤の上がらない作品、資料の保存に対し、万全の体制をとってくれるのだろうか、と。博物館は、次世代に貴重な文化財を継承するための施設だということを忘れてはなりません。

ついで、博物館にとって重要な機能である作品、資料の調査研究、教育普及事業が、民間企業管理の博物館でなされるのかどうか、という疑問です。より安く、効率的な運営を目指そうとすれば、これらの機能は切り捨てられる恐れがあります。

さらに、人の問題があります。指定管理者の前提条件として、その博物館の学芸員として、博物館活動を担う専門能力を持ったスタッフが必要となります。これらの専門性は、長期にわたる実務経験によって培われるものです。それが、管理者の交替にともない、学芸員を含む博物館のスタッフが入れ替わる事態になると、その時点で博物館にとって必要な知識・情報・経験等の蓄積が断絶する恐れもあります。

さらに、博物館を管理運営する会社が入場者数倍増計画を立て、学芸員を一人に減らして、その分を営業社員にして、営業活動をさせることも考えられます。これにより、営業成績は間違いなく向上するでしょう。博物館運営を担うのは学芸員ですが、民間企業がそれを認めてくれるでしょうか。

博物館は、単に、デパートの展覧会場のように、展覧会を開くだけではありません。作品、資料の調査・研究、教育普及という営利事業では絶対できない機能を持っています。その博物館を民間企業に任せてよいのでしょうか。日本を代表するような著名な大企業である電力会社、自動車製造会社、銀行、商事会社、鉄道会社などが不正を行い、社会的責任感が欠如しているのを見るとき、博物館の運営を民間会社に任せることに不安を覚えるのは私だけでしょうか。

指定管理者制度では、指定管理者は、毎年度終了後、事業報告書を施設を設置する市町村に提出しなければなりません。また、業務、経理に関し、適正な運営がなされているか、都道府県市町村は実地に調査し、必要な指示をすることができます。その指示に従わない時には、指定が取り消されることもあります。もし、公立の博物館が、指定管理者により運営された時には、その博物館が、適正に運営されているか、私たちは、注視しなければならないでしょう。

*井出洋一郎「地方自治法第二四四条の二関係の改正（指定管理者制度）（平成15年）」（『新版・美術館学入門』所収、2004年、明星大学出版部）
*文化政策ネットワーク編『指定管理者制度で何が変るのか』（2004年、水曜社）
*中川幾郎「指定管理者制度と公共文化施設の使命」（『アートマネジメント研究』第5号、2004年）
*菅野和郎「指定管理者制度」（玉川大学教育博物館ニュース『集』24号、2005年）
*五十嵐耕一「指定管理者制度について」、原田博二「長崎歴史文化博物館と指定管理者制度」、矢内高太郎「島根県立美術館の指定管理者制度について」、寺西貞弘「指定管理者制度と公立美術館」（『博物館研究』447号、2005年）。

Q アウトリーチって何ですか?

博物館活動で、「アウトリーチ」と言うのがあると聞きましたが、何のことかよくわかりません。「アウトリーチ」とは、どのような活動なのですか。

A——アウトリーチ（outreach）とは、多くの分野で用いられている言葉ですが、知らない人に手を差し伸べて（reach out）、必要な情報を伝えること、向こうから来られない人に対し、こちらから出かけて手を差し伸べることを言います。博物館活動に関して言えば、博物館の外で実施される教育普及活動を指します。

来館者が特定の社会階層に偏りがちな欧米では、マイノリティーの住む地域へ出かけて、教育活動をしています。とくにアメリカは、この活動に真剣に取り組み、活動が盛んです。博物館のスタッフ等がスラムに行き、文化・芸術に触れる機会の少ない人々に文化・芸術を鑑賞する場を提供しています。イギリスも、アウトリーチの先進国で、移民が多く住む地域で盛んに活動しています。

日本では、そもそもマイノリティーに対する社会的な意識がほとんどないこともあり、博物館のアウトリーチとしては、学校と連携して行う「出前授業」や「移動博物館」などの活動がそれにあたると考えられます。欧米とは、問題意識が大きく異なります。

しかし、今日、日本の博物館がおかれた状況を省みると、アウトリーチは新しい来館者の開拓につながり、大きな意味を持つと考えられます。

具体的に、どのようなアウトリーチ活動が行われているかを見てみます。

浜松市博物館では、生涯学習推進の観点に立ち、子どもの頃から博物館に親しむことが必要と考え、学校教育との連携を重視した活動を行っています。平成5年（一九九三）以来、学校現場に博物館資料を持ち込み、児童や教師に実物資料に触れたり、道具を動かすなどの体験をしてもらい、博物館活動に対する理解を深めてもらっています。

事業は、展示と体験活動の二つからなっています。まず、展示では、テーマにあわせて選択できる「展示用キット」を学校で展示します。主なものは、「おおむかしの人々」（展示資料57点。縄文・弥生時代遺跡の出土品など）、「弥生時代の家」（展示資料45点。弥生時代の竪穴住居の様子を再現するもの）、「農家の庭先」（展示資料14点。鍬、千歯こき、足踏み脱穀機などで、農家の庭先を再現）などです。

体験活動は、土器づくり、野焼き、復元土器による煮炊き、縄文クッキーづくり、糸紡ぎ、機織り、米の脱穀、藁草履づくり、などです。

実施期間は、各学校の規模や実施内容に則して、数日間から2週間くらいです。児童らは、休み時間に展示室を自由に見学し、授業時間には博物館職員による解説を受けながら展示見学を行う学校が大部分です。展示室の一角には、体験コーナーが設けられ、土器の復元パズルやジグゾーパズル（弥生式土器、銅鐸）などが用意されています。

児童たちは、移動博物館で大昔の道具などを使って体験できたことで、非常に興味を持ったそうです。平成10（一九九八）年度の場合、実施校は5校で、参加児童数は3、167人でした。

教師からは、移動博物館の回数を増やしてほしい、期間をもっと長くしてほしいなどの要望があるとのことです。

福島県立博物館では、小学校にパネルや実物資料・復元品を持ち込み、縄文時代の食料獲得法の授業テーマで体験学習を行い、好評を得ています。

福島県立美術館では、平成14年度から、美術館が作家を招聘し、担当教員と相談の上、各学校で児童・生徒対象のワークショップを開催しています。美術館が学校を訪問することで協力関係をより密にし、児童・生徒たちの美術への興味、関心、美術館への来館を促す一方、地理的に美術館を利用しづらい学校への文化事業の還元を図ろうとしています。平成14年度は、小学校3校、高校1校で実施しました。

他の多くの博物館でも、アウトリーチ活動を行っていますが、予算・人員の削減などで、実施に困難をきたしているところもあるようです。

*二瓶伸弥「アウトリーチ活動」（大堀哲ほか編『ミュージアム・マネージメント』所収、1996年、東京堂出版）
*長島雄一「『出前授業』で新たな博物館ファンを獲得」（博物館と学校をむすぶ研究会編『学ぶ心を育てる博物館』所収、2000年、アムプロモーション）
*大堀哲「学校移動博物館『博物館がやってきた！』・浜松市博物館」（大堀哲ほか編『博物館学シリーズ7・博物館活動事例集』所収、2001年、樹村房）
*『福島県立美術館2003年度年報』
*田口公則「学芸員も『出前』します」（神奈川県博物館協会編『学芸員の仕事』所収、2005年、岩田書院）

Q どうして美術館でコンサートを開くのですか？

美術館は、絵や彫刻を展示するところだと思っていたのですが、ある日美術館へ展覧会を見に行ったら、コンサートをしていました。美術館でコンサートを開いていたのには驚きましたが、どうして美術館でコンサートを開くのでしょうか。

A――美術館の運営費が潤沢であった頃に比べ下火になったとはいえ、今日でもコンサートをはじめとするパフォーマンスを行っている美術館は見られます。どうして、美術館でパフォーマンスを行うようになったのでしょうか。

一般的に言われているのは、美術館は、狭い意味での〝美術〟のみを対象にするのではなく、デザイン、写真、ビデオ、映画、さらには舞踏、演劇にまで拡大すべきである、という考えがあるからです。

村上單道氏は、美術館におけるコンサートの開催について、次のように述べています。

「現代社会においては、さまざまな事象が、分野や領域をこえてダイナミックに展開している状況があり、音楽と美術とは芸術領域として分かれてはいるが、現実には両者は相互に深く関わりあっている側面をもつようになってきている。また、人間そのものにおいても、視覚と聴覚とは感覚器は別ではあるが、脳の中ではその感覚は記憶や言語、判断領域など、さまざまな領域と複雑に関わり合っているといわれている。こういった観点から、美術館におけるコンサート開催は、美術館の運営の中でも重要な位置にあると考えられる。」

三ッ山一志氏の論述は、具体的で、説得力をもっています。氏は、〝多機能な美術館〟の在り方を示すポンピドゥー・センター以後、日本の公立美術館は、「市民の多様なニーズに応えられる美術館として、展覧会だけでなく、創作活動ができ、美術を学習でき、コンサートも聴ける」という多様な機能を導入した。その方便がポンピドゥー・センターである。それにより、美術館は、社会教育施設としての美術館ではなく、〝美術館の体裁をした文化総合施設〟になってしまった。そして、これは、横浜美術館だけのことではなく、ポンピドゥー・センター以後につくられた公立美術館は、多少なりとも、〝総合施設〟的なのである、と論じています。

しかし、日本の美術館でパフォーマンスを行うようになったのは、実のところ、次のような事情によると、私は推測しています。

① 美術館のシステムが、欧米で作られ、発展させたものの〝輸入品〟である。
② 欧米の美術館では、パフォーマンスが一般的に行われている。
③ したがって、日本の美術館でも、パフォーマンスを行うべきだ。

いうまでもなく、欧米の美術館のシステムは、先進的で、歴史の浅い日本にとって学ぶべきところは数多くあります。いかに欧米の水準に近づくかが、大きな目標になっていた、といってもよいでしょう。欧米の美術館との距離が、どれだけ縮まっているかによって、美術館が評価されていたこともありました。そうであれば、日本の美術館では、パフォーマンスを行うことが、欧米の美術館の水準に近づく有効な手段となりうるのです。

また、次のような話を聞いたことがあります。「展覧会だけでは、客がよべないから、パフォーマンスを派手にやって、話題を作って、たくさん人を集めよう。」と、美術館の上層部が発言した、と言います。そうなると、そこから多くの問題が発生します。パフォーマンス担当者の戸惑い、困惑は、想像するに余りあります。もちろん、パフォーマンスを人集めの道具に使うような考えはもってべきでなく、美術館の活動の一部に正しく位置付ける必要があります。

現代美術の展覧会では、出品作品としてパフォーマンスを行うことがしばしばあります。そのような時、日常的にパフォーマンスを行っている美術館では、レベルの高い展覧会が期待できますが、パフォーマンスを行っていない美術館では、展覧会を開催するさい多くの困難に直面することもあるでしょう。展覧会の内容が多様化している今日、美術館では展覧会のみならず、パフォーマンスも多様に行うべきであろう、と考えています。

ある日曜日の午後、福島県立美術館へ立ち寄ったとき、ちょうどミュージアム・コンサートが始まるところでした。山形弦楽四重奏団による演奏で、200人以上の聴衆がエントランス・ホールのほか、2階へ続くスロープやバルコニーに立って聴き入っていました。エントランス・ホールは広々とした吹き抜けになっていて、ゆったりしていました。広さは、約800㎡ですが、もっと広く感じられました。壁、床、天井が、石と木でできているため、音の響きはとてもよいものでした。展示室へも適度にその響きが届きました。

カルテットは、エントランス・ホールの奥にある、マリノ・マリーニの彫刻を背景にして、視覚的にも美しいものでした。

演奏曲は、モーツァルト「アイネクライネナハトムジーク」、ハイドン「弦楽四重奏曲ニ長調 Op. 64-5」など、親しみのある曲が主で、リラックスして、気軽に聴くことができました。聴衆が音楽を楽しんでいて、とてもよい雰囲気に包まれていました。このコンサートの主催者は、美術館、友の会、協力会の3者になっていますが、経費は、友の会と協力会によるものとのことです。

このコンサートは、前月から開かれている「ポール・デルボー」展関連事業として開催されたものです。福島県立美術館では、これまでも、「男も女も装身具」展関連事業として、春風亭小朝の落語会「江戸の粋」、「世界名作版画」展関連事業として、「イブニング・コンサート『ボサノバの夕べ』」などを開催してきました。このような形で、美術館のパフォーマンスが根付いていくのは、一つの望ましい姿であると考えています。

＊三ッ山一志「ワークショップ」（湯本豪一編『美術館・博物館は「いま」』所収、１９９4年、日外アソシエーツ）

＊清水久夫「美術館のパフォーマンス」（『博物館研究』33巻8号、１９９8年）

Ⅳ章 展覧会

この章では、はじめに新聞社をはじめとするマスメディア、デパート、展覧会企画会社と展覧会との関係について答えました。これらは美術館が展覧会を開催する際、重要な問題でありながら、博物館学に関する本ではほとんど触れられていません。

報道機関である新聞社、放送会社が展覧会事業を行うこと、デパートを会場にして展覧会を開くこと、展覧会を企画し、それを売る会社があることなどは、日本だけに見られる特殊な現象だといえるでしょう。学生諸君にも考えてもらいたい問題です。

ついで、作品の借用料について。博物館学に関する本などに書かれていないだけに、学生諸君の興味をひきました。

最後に、国家補償制度について答えました。

Q 新聞社が展覧会をするのは日本だけなのですか?

美術館や博物館、あるいはデパートの展覧会へ行くと、主催者のなかに、新聞社の名前がよく見られます。新聞の紙面でも、新聞社が行う展覧会を大きく取り上げています。新聞社が展覧会事業を行うのは、ごく一般的に見られることです。しかし、新聞社が展覧会事業をするには日本だけで、欧米の新聞社が展覧会事業をすることはない、と聞いたのですが、本当ですか。

A 新聞社が展覧会事業を行うのは、確かに日本のみに見られる特殊なことで、欧米諸国ではこのようなことはありません。観客は、新聞社が主催する展覧会を美術館や博物館で見ても当然のことと思い、新聞社もあたり前に展覧会を開いていますが、欧米の美術館員にとっては、きわめて異常に感じる、日本的な特殊事情なのです。

ある美術館で、ヨーロッパの美術館から作品を借用して展覧会を開いたときのことです。作品が成田空港に到着するので、主催者である美術館の学芸員が新聞社の企画部の担当者とともに空港へ行ったのですが、作品と同じ飛行機に乗ってきた美術館員(クーリエ)が、「どうして新聞社の人が作品の引き取りに来るのか」と質問してきました。その学芸員は、館員に事情を説明したのですが、なかなか分かってもらえなかったといいます。そもそも、彼らには、新聞社が展覧会事業を行っていることが理解できなかったのでしょう。

新聞社が行う展覧会の歴史は古く、大正期には、東京や大阪、京都の公立美術館で、朝日、毎日両新聞社が主催する美術展が開かれていました。昭和に入ってからも、昭和15年(一九三五)に毎日新聞社による全画壇を結集した「日本画大展覧会」が京都市美術館、東京府美術館で開かれています。今日みられる公立美術館で新聞社主催の展覧会が開かれるという運営形態が、すでに戦前にはできていて、戦後になって、他の全国紙、あるいは多くの地方紙に広がっていったのです。

かつて世田谷美術館を主な対象にして、公立美術館の入館者数を調べたことがあります。それでわかったことですが、ほとんどの公立美術館では、年間入館者数のかなりの部分が年に1回程度開かれる大型企画展によって占められる。その大型企画展とは、新聞社、放送会社などのマスメディアが主催者となっている海外展である。多くの公立美術館は、新聞社、放送会社が主催する展覧会でしか観客をよべない。つまり、ほとんどの公立美術館は、新聞社、放送会社に依存せざるを得ない、ということでした。同様のことは、多くの方々がすでに論じられていましたが、実際の数字を示してその実態を明らかにしました。その数字を見て、新聞社、放送会社主催の展覧会への依存度の高いのに驚きました。年間入館者の60～70％はあたり前。80％を超える入館者が、一つの展覧会に集中している年もありました。

美術館関係者の誰しも、新聞社、放送会社に依存して展覧会を開くことが良いとは思ってはいませんが、美術館、新聞社（放送会社も）双方にそうせざるを得ない事情があるのです。

日本のほぼすべての美術館は、常設展では人はよべませんから、企画展を開いて行かねばなりません。ところが、美術館は予算がないため、観客をよべるようなレベルの高い企画展はなかなか開けません。国内作家の回顧展程度なら一つの公立美術館でも開けますが、国内展でも国宝・重要文化財のような名品を数多く集めた企画展となると、数千万円、それが海外展では、数億円の経費がかかります。これだけの経費は、公立美術館5～6館が集まって分担しても、美術館だけでは負担し切れません。ここに、新聞社が資金面の面倒をみてくれるありがたいスポンサーとして登場してくるわけです。また、新聞社は、その幅広い人脈と豊富な情報で、企業から協賛金を集めてくれます。美術館は、企画プランや展示の協力だけすればいいわけです。そして、このような企画展は、美術館自主企画展の十倍、あるいは数十倍の観客をよべます。

新聞社は、講演会・シンポジウムを開くホールは持っていますが、展覧会を開く美術館や展示場は持っていません。展覧会を開くためには、美術館（あるいはデパート）の展示施設を使わざるを得ません。

また、新聞社にとっては、展覧会は、数万人、数十万人も集めることができ、自社の存在感を示し、イメージを高めるのに役立ちます。

展覧会にかかる費用は、近年ますます増えています。作品借用料、運送料はもちろん、保険料が急騰しました。9・11テロ以降、航空輸送の危険度が増したため、作品に掛ける保険料が数倍になったと言われています。

かつては、利益の社会還元の色彩が強かった新聞社の文化事業も、近年は、経営的な面から赤字を出すことは許されなくなってきました。その結果、一人でも多くの観客を集めるため、なりふり構わずに自社の紙面を最大限に活用します。連日カラーで1ページ全部を使ってPRするのも珍しくなくなってきました。自らの宣伝媒体を持っている新聞社の利点を最大限に生かした展覧会運営といえます。

戦後しばらくの間、新聞社が行う展覧会事業は、広く一般に海外展の鑑賞の機会を提供するという大きな役割を果たしてきました。このようにして開かれた海外展に刺激、啓発され、美術史研究の世界へ入っていった先輩達が大勢います。しかし、このままでよいのだろうかと疑問を抱く人たちは多く、問題点が指摘されています。

一つは、報道機関である新聞社が、ある特定の展覧会を大きく取り上げ、過剰なほどの記事を掲載する一方、他社主催の展覧会は記事で取り上げることはほとんどありません。たとえ、社会的に意義のある重要な展覧会でも、他社の主催であれば無視するという態度は、社会正義を論じる良識ある新聞社に許されるのであろうか、ということです。

ついで、美術館の主体性の問題です。本来的には、展覧会は美術館が企画、運営し、自主財源をもって開催すべきものです。国を含めた行政機関が美術館に財政的保証を与えることなく、新聞社に頼ってしまい、そのため、ときには「貸し館」状態の美術館も見られます。これは、美術館本来の機能や役割を放棄しているものといえましょう。

このような問題点は、すでに10年以上前に指摘されています。にもかかわらず、このような状況を知る人は多くありません。それというのも、新聞社、放送会社を初めとする有力報道機関が大型展覧会の主催者となっているため、この問題に関する批判などを一切報道しないからです。

＊首藤由之「芸術の棺桶　国立美術館」(『アエラ』１９９２年3月24日号)
＊大島清次『美術館とは何か』(１９９５年、青英舎)
＊岩渕潤子「日本の美術館」(『美術館の誕生』所収、１９９５年、中央公論社)
＊田中豊稲「新聞」(並木誠士ほか編『現代美術館学』所収、１９９８年、昭和堂)
＊清水久夫「公立美術館の入館者数」(『博物館学研究』４２１号、２００３年)
＊上山信一・稲葉郁子「日本のミュージアムの現状と今後」(『ミュージアムが都市を再生する』所収、２００３年、日本経済新聞社)

＊山下裕二「つまらんぞ、大英博物館展」（『文芸春秋』82巻7号、２００４年）
＊林容子「美術館の企画展にマスコミの関わる背景とその功罪」（『進化するアートマネージメント』所収、２００４年、レイライン）
＊井出洋一郎「企画展の考え方と実現」（『新版・美術館学入門』所収、２００４年、明星大学出版部）

Q 巡回展とは何ですか？

博物館・美術館で行う展覧会で、「巡回展」というのがあるということを聞いたのですが、それはどのようなものでしょうか。

A 展覧会の区分の仕方はさまざまですが、大きく「巡回展」と「自主企画展」（「独自企画展」とも言う）に二分することができます。

巡回展とは、その名のとおり、複数の博物館・美術館を巡回して開催される企画展のことです。2～3会場で開催されるものから、7～8会場で開催され、スタートから最後の会場で終了するまで、1年以上を要するものまであります。巡回展を、さらに二つに分けることができます。一つは、博物館・美術館が主体性をもって、幹事館を中心にしていくつかの館が協力しながら、企画展を立ち上げてゆくものです。もう一つは、新聞社や放送会社の事業部などが各地の博物館・美術館などに呼びかけ、組織化して、いくつかの博物館・美術館に展覧会を巡回させるものです。新聞やテレビで大きく報じられる展覧会のほぼ全ては後者の巡回展と考えてよいでしょう。

巡回展は、一つの展覧会がいくつもの会場で開かれるので、さまざまなメリットがあります。

まず第一が、経費の節約です。作品はもちろんのこと、展示に関わるパネル、用具など同じものが複数会場で使えるので、1館当りの負担経費が安くなります。作品のキャプション、解説パネル、彫刻台などが作品とともに移動してゆきます。ついで、印刷物。カタログは同じ物をそれぞれの館で販売できるので、販売部数が増えます。カタログは、千冊作成しても、5千冊作成しても、紙代、製本費と輸送費が少し余分にかかるだけで、経費はほとんど変わりません。従って、数多く作成すれば、カタログの単価は大幅に下がります。また、ポスター、チラシ、チケットなども、共通デザインのものを一つ作り、会場名、会期などの文字部分だけを変えれば、製作費が安くなります。それらが安くなった分、そのお金を使って内容の充実したカタログが作れます。

第二は、労力の節約です。例えば、東北地方、関東地方、関西地方、中国地方、九州地方にある5館で巡回展を開く場合、作品の調査、出品交渉、作品の写真撮影、作品の集荷・返却等を地域ごとに割り振れば、1館当たりの担当する件数が減るだけでなく、遠方への出張がなくなるので、労力が大幅に節約できます（労力ばかりでなく、出張旅費の節約にもなります）。また、カタログも共通のものを作るので、作家解説、作品解説、年譜、参考文献にいたるまで、各館で分担して行えば、1館あたりの負担が軽くなり、より多くの時間がつぎ込めるので、それだけよいカタログができます。

第三は、多くの入場者が望めます。特に、後者の巡回展では、新聞社や放送会社などマスメディアが展覧会事業に加わるため、新聞で特別紙面を組んだり、テレビで特別番組を放映するので、1館だけの広報とは比較にならないほどの効果が得られます。多くの入場者が予想できれば、音声ガイドを導入することができます。また、駅から遠いところにある館では、最寄の駅から館まで無料送迎バスを運行することもできます。それにより、さらに入場者が増加します。また、マスメディアが事業に加わっていない場合でも、印刷費などで節減された予算を使って、ポスターの駅貼り、電車・バス車内のポスター掲出など広報活動を盛んに行うことにより、集客増が期待できます。

展覧会の入場者が多くなれば、ミュージアム・ショップでは商品がよく売れ、売上の一部を、館活動の経費にまわすことができます。レストラン、コーヒー・ショップも繁盛します。

巡回展は、このように多くのメリットがある一方、デメリットもあります。ことに、後者の巡回展は、大きな弊害も見られます。

第一は、展覧会の開催が長期にわたるため、しばしば展示作品の入れ替えがあることです。長期の展示に耐えられない作品は、1会場だけの展示ということになります。また、所蔵者の都合で借用期間が限られ、1会場のみ出品するということもあります。このような場合、最初の会場だけに展示することが一般的です。巡回展のスタートは、東京会場になることが多いので、東京ではカタログに掲載されている全作品が見られるのに、地方会場ではお目当ての作品が見られないこともあります。ある大規模な海外作品を展示する展覧会で、これまで国外に持ち出されたことがなかった世界的にも有名な作品が、東京会場では本物を展示し、地方会場ではレプリカを展示しました。考えてみれば、随分人を馬鹿にした話ですが、それを知ってか知らずか、地方会場でも大勢の観客が訪れ、大成功でした。

第二は、すでに述べたように、後者の巡回展にマスメディアが主催者に加わることにより起こる問題です。マスメディアは強い力を持っているため、博物館・美術館と対等な関係を持つことは難しくなります。館は主体性を持ち得ず、ときには館は貸し会場となってしまうことがあります。こうなると、館の独自性は無視され、館のコンセプトに反する企画展を開くこともあります。このようなことを続けると、学芸員はやる気をなくして、学芸員が育たなくなります。特に、地方の館で見られることですが、その地域に根ざした館独自の企画展を開くより、マスメディアが持ち込む、中央で評判になった展覧会の方が多くの観客をよぶといって、巡回展に頼ろうとします。館運営費が削減されると、館の自主企画展を休止させたりします。さらにひどくなると、「巡回展しかしないのだから、学芸員はいらない」などと言って、学芸員の定数を減らす館も出てきます。辞めさせることはできないので、学芸員を博物館施設と関係のない福祉施設や一般事務職のポジションへ異動させたりします。

巡回展は、それほどの予算をつぎ込まずに、ある一定レベル以上の展覧会が開け、多くの入場者が望める結構ずくめの展覧会ですが、博物館・美術館にとっては致命的ともなる問題を含んでいることを忘れてはならないでしょう。

＊浜田晋介「巡回展」（湯本豪一編『美術館・博物館は「いま」』所収、１９９４年、日外アソシエーツ）
＊相澤正彦「巡回展示」（神奈川県博物館協会編『学芸員の仕事』所収、２００５年、岩田書院）

Q デパートで展覧会を開くのは日本だけなのですか？

私はよくデパートの展覧会を見に行きます。評判の展覧会を開くことが多く、美術館と違って駅から近くて便利なので、何かの用事のついでに展覧会を見ることもあります。美術に詳しい人が、デパートで展覧会を開くのは日本だけだと言っていましたが、本当ですか。また、デパートの展覧会は、どのようにして開かれるのでしょうか。

A—デパートで展覧会を開くのは日本だけで、欧米ではそのようなことは見られません。

美術館が多数開館している今日でも、デパートの展覧会は相変わらず賑わっています。美術館へはあまり行かないが、デパートの展覧会は行くと言う人も多くいます。やや古い数字ですが、一九九二年のライフデザイン研究所の美術館利用に関する調査では、デパートの美術展には、「よく行く」、「時々行く」を合わせて、調査対象の68％に達しています。理由は、「行くのに便利」が54％と圧倒的で、市民に身近な存在であることは明らかです。このデパートで開かれる展覧会の運営、歴史、問題点についてみてみます。

［運営］

小売業としてのデパートは、商品生産者から卸売業者が買い集めた商品を最終消費者に売りさばく店頭販売者であり、自分のところで独自に商品を開発しているわけではありません。〝一流商品＝一流店＝老舗〟を客に植え付け優位に立つため、「企業イメージ」が大事にされます。

①豪華さを誇る建物、②催物による「文化性」、③そこからにじみ出る「高級感イメージ」を作り出します。

そのためには、美術展の開催は打ってつけです。しかも、三越、髙島屋、松坂屋など、デパート草創期の店は呉服商出身です。浅野敞一郎氏が述べているように、「呉服の図柄は、絵柄次第で、美術と深い関連をもつ。そこに、美術展が文化催事の中心的地位を占める理由がある」のです。

デパートの美術展は、催事型と美術館型の2つに分けられます。

（1）催事型

企画は、新聞社事業部、代理店、企画会社の持ち込みです。デパートは、催事予算（宣伝広報活動費の広報費に入っている場合が多い）で企画を買い取り、運営はほとんどこれら外部業者によって行われています。デパートが、商品を作ることがないのと同様です。従って、

① 展覧会は、宣伝効果の大きい、集客力のある、一般受けする企画が多く、概して会期は短い。

② 展覧会の入場料は有料であっても、企画の経費の数分の一にもならない

③ しかも、入場者の半分以上は招待券による観客である。あくまでも、宣伝広報費で、お客さんに足を運んでもらえればよい。

（2） 美術館型

セゾン美術館（前・西武美術館）を代表とする。この美術館では、初期の頃より企画を担当する学芸員がいて、現代美術を中心とした自主企画展を行ってきました。現代美術の分野におけるセゾン美術館の果たしてきた役割は大きく、一九九九年2月の閉館は、美術界に大きな衝撃を与えました。また、東武美術館も、一九九二年6月、国宝・重要文化財を展示できるはじめてのデパート美術館とし

て開館し、優れた企画展を開催してきましたが、惜しいことに二〇〇一年3月、閉館しました。このように、ほとんどの美術館型の館は、今日閉館してしまいました。

既に述べたように、デパートで開かれる展覧会は、外部業者の持ち込み企画です。また、ほぼ全て、新聞社が主催者となっています。つまり、デパートの展示場は、新聞社企画の大規模巡回展の東京会場となります。その一例として、一九九六年に開催された「没後10年　梅原龍三郎展」（主催・毎日新聞社）を見てみます。

一九九六年1月2日〜2月12日　奈良そごう美術館
2月29日〜3月31日　そごう美術館（横浜）
4月4日〜4月16日　京都髙島屋
5月22日〜6月26日　千葉そごう美術館
7月9日〜7月21日　三越美術館（新宿）
8月31日〜9月29日　姫路市立美術館
10月4日〜11月3日　宮崎県立美術館

この展覧会は、全国7会場を10ヶ月かけて巡回しましたが、そのうち、2会場は、公立美術館です。

林容子氏の論稿によれば、巡回展の共通経費の負担率は、東京のデパートが約50％、大阪、名古屋のデパートが約15％を負担し、残り35％が地方公立美術館の負担となります（ただし、この数字がやや古いので、今日では、若干異なるでしょう）。これから分かるように、とりわけ東京にあるデパートが、経費の面で重要な役割を果たしているので、巡回展に頼らざるを得ない多くの地方公立美術館にとっては、デパート美術館の相次ぐ閉館は、展覧会の開催を困難にする恐れがあります。

［歴史］

明治37年（一九〇四）10月、三井呉服店（後の三越）で「光琳遺品展覧会」が開催され、同時に「光琳図案会」も開かれました。この展覧会は、三井呉服店最初の文化催物と言われています。当時、三越（三井呉服店）は、商品陳列などの点で、他の追随を許さない斬新、奇抜な方法を取り入れたことで知られていました（中外商業新聞、明治36年1月30日）。明治40年（一九〇七）12月、三越は本店に新美術部を増設し、諸家の絵画工芸品の展示販売を行いました。また、この年4月には、デパート方式で店内を一新し、食堂を設け、空中庭園を造りました（国民新聞、明治40年4月3日）。5月には、大阪支店を開いています（中外商業新聞、明治40年3月2日）。

明治43年（一九一〇）3月、日本橋の大丸呉服店階上で、「日本服装研究会第一回展覧会」が開催され、4月には、日本橋の三越呉服店で「東西両京画家の新作せる紙本半切掛物」の展覧会が開かれました。この展覧会には、米原雲海の「無絃琴」、山崎朝雲の「張果郎」、「漁樵問答」、平櫛田中の「法堂二笑」をはじめとする木彫、金工品、陶磁器、七宝、蒔絵、染織、刺繍等が出品されました。11月には、大阪の三越呉服店で、白馬会の作家による「第4回洋画展覧会」が開かれています。その後も、東京、大阪、京都の呉服店で展覧会が開かれました（「日本美術年鑑」）。

明治44年（一九一一）4月には、大阪の三越呉服店で、「第5回洋画展覧会」、9月には、日本橋の三越呉服店で、「第2回美術工芸品展覧会」、10月には、同店で、「第2回美術及美術工芸展覧会諸国名産美術品及懸賞写真展」、11月には、小川芋銭・小杉未醒の漫画150点を陳列する展覧会が開かれました（この展覧会は、大阪の三越呉服店へ巡回されました）。同月、大阪の三越呉服店では、旧白馬会会員を主とする作家の油彩画、水彩画314点による「洋画展覧会」が開かれました。この展覧会には、黒田清輝、岡田三郎助、和田英作、中沢弘光、南薫造らの作品が出品されました。三越は、このように、美術界とのつながりを強めて行きます。

明治45年（一九一二）には、東京、大阪の三越呉服店だけでなく、大阪、京都の髙島屋でも、さまざまな展覧会を開くようになりました。大阪の髙島屋呉服店では、2月に尾竹竹坡の百幅画の展覧会、3月には百櫻花展が開かれ、下村観山、菊池芳文、横山大観、竹内栖鳳、尾竹竹坡、結城素明、菊池契月、鏑木清方など、東西の人気作家の作品が出品されました。11月には、「美術部記念展覧会」が開催されているので、三越に続き、髙島屋にも美術部ができたことが分かります。この展覧会は、竹内栖鳳、結城素明、富田渓仙、安田靭彦、榊原紫峰、富岡鉄斎ら、東西日本画家の新作200点が陳列された、かなりの規模のものでした。

このように、明治末には、東京、大阪の三越呉服店を中心に、大阪、京都の髙島屋呉服店なども加わって、デパートで盛んに美術展が開かれるようになりました。

大正3年（一九一四）10月に、日本橋に〝新三越呉服店〟が開店しました。エスカレーター、エレベーターを備えた建物は、人々の耳目を集め、丸の内の中央停車場とともに、東京の新名所と言われ、なかでも「新美術部の美術展覧会は光彩をはなっていた。」と言われるようになっていました。

大正末になると、デパートの展覧会の様相が変わります。これまで、デパートの美術部の企画により開かれていた展覧会に、新聞社が大きくかかわってきました。大正15年（一九二六）5月、毎日新聞社主催による「第一回日本写真美術展覧会」が、大阪大丸百貨店で開催されました。おそらく、この頃、新聞社と共同で美術展を開く形が出来たのでしょう。

昭和に入っても、デパートの展覧会は盛んに行われましたが、戦争が始まると、次第に衰えてきました。

戦後は、いち早く、昭和26年（一九五一）に日本橋・三越で「奈良薬師寺東塔水煙展」（主催・朝日新聞社）が開かれ、同年、銀座・松屋で「茶道具名品展」（主催・朝日新聞社）、昭和28年（一九五三）には、白木屋で、「桃山美術展」（主催・朝日新聞社）、昭和29年（一九五四）には、大丸百貨店で「比叡山名宝展」（主催・朝日新聞社、他）、昭和30年（一九五五）には、伊勢丹で「高野山名宝展」（主催・産経新聞社）など、寺宝展を中心とした展覧会が開催され、デパートの展覧会のステータスを上げる役割を果たし、デパートの展覧会の歴史の中では、画期的だと言われています。

日本のデパートの伝統である〝顧客サービス精神〟と催物による〝客寄せ効果〟があり、デパートの展覧会は、その後ますます盛んになります。展覧会場は最上階に設けられることが多く、展覧会を見たお客さんが、そのあと買い物をして帰るという「シャワー効果」を狙ったものでした。批判はあるものの、人々が美術に親しむ場を提供した功績は大きいといえましょう。デパートの展覧会は、100年の歴史があるのです。

このように、長い歴史をもち、人々に親しまれているデパートの展覧会も、大きな問題を抱えています。

〔問題点〕

昭和49年（一九七四）1月14日、文化庁次長名で、各都道府県教育委員会委員長あてに、次のような通知が出されました。

デパート等臨時施設における国宝・重要文化財の公開について

（中略）

このたび、文化庁としては過般のデパートの火災にかんがみ、文化財の公開を本来の目的としないデパート等臨時施設における国宝・重要文化財の公開を、昭和49年2月1日以降許可しないこととし、この種の展覧会については常設の公開施設において行うよう、関係の新聞社、デパート等に対して別紙のとおり協力方を依頼しましたので、貴管下の主要社寺等にも趣旨徹底をはかられ同時に権限委任事項に属するこの種の公開についても、上記に準じて取り扱われるようお願いします。（以下略）

『別紙』

デパート等の内部に臨時の施設を設けて行う国宝・重要文化財の公開は、戦後久しく国民一般に優れた文化財を紹介する有効な場として、しばしば活用されてきました。

しかしながら、これらの臨時公開施設は、本来文化財の保存活用を目的とする場所でないため防災等の施設設備の面から、また学芸員等を置いていないため人的な面からも文化財の展示、保管に万全を期することが困難な実情にあります。

このような実情を考慮して、文化庁としては、従来臨時公開施設における公開許可に当り、管理、防災等の面での指導の強化を行い、御協力を願ってまいりましたが、なお国宝・重要文化財の保存管理の面から不十分と認められる点も多いので、過般のデパート火災を契機として管理の万全を期するため、昭和49年2月1日以降文化財の公開を本来の目的としないデパート等臨時施設における国宝・重要文化財の公開を許可しないこととしましたので御了知願います。

この文化庁次長の通知は、デパートの展覧会の実情をよく表しています。まず、この通知がデパートとともに、〝関係の新聞社〟にも送付されていることです。これは、デパートで開かれる展覧会の多くが、新聞社によって企画・運営されているからです。

ついで、『別紙』の冒頭には、デパートの展覧会が、戦後久しく国民一般に優れた文化財を紹介する有効な場であった、という、デパートが文化の普及に対して果たした役割が正当に評価されています。

また、デパートの展示場が、防災等の施設設備の面から、また学芸員等を置いていないため人的な面から、文化財の展示、保管について、安全性に欠ける、と指摘されています。更に今後は、〝常設の公開施設〟で文化財を公開するようにと述べています。これは、昭和三〇年代後半から、博物館の建設が全国各地で見られ、特に、公立の博物館・美術館が急増しました。この通知が出された昭和49年1月の段階では、既に、かなりの数の〝常設の公開施設〟＝博物館・美術館が開館しているという状況を前提にして、この通知が出されたことが分かります。

ところで、〝過般のデパート火災〟とは、通知が出された前年11月29日に起きた、熊本・大洋デパートの火災のことです。午後1時20分に、2～3階の階段から出火し、地上9階（一部13階）の建物2万4７8㎡が全焼し、客と従業員１０４人が焼死、１０８人が負傷しました。デパート火災史上最大の惨事でしたが、防火態勢の遅れ（太洋デパートでは、当時、１１９番通報するさいは、事前に社長の許可を得なければならないとされていました。社員は、その許可を取るのに手間取り、１１９番通報できなかったと言います）、適切な避難誘導がなかったこと、スプリンクラー、排煙装置が設置されていなかったことが、このような大惨事を招きました。

この大洋デパートの火災は、当時社会に大きな衝撃を与え、消防庁は、早速、緊急総点検を実施しました。

一九七〇年代に比べ、スプリンクラーの設置などにより、今日ではデパートの防火設備は格段の進歩を見せています。しかし、それでも、国内外を問わず、たとえ重要文化財に指定されていない作品であっても、所蔵者は貴重な作品を、デパートの展覧会への出品を控える傾向があります。ブリヂストン美術館と石橋美術館の両館は、一九九一年に「美術品管理規定」を公表し、貸し出しの制限を始めましたが、その中の「貸出先の展覧会の内容に関わる条件」の一項に、次のように記されています。

「(五)　画廊・デパートの特設会場には貸出さない。デパート内の美術館については注意深く見極める。」。

ここからうかがえるように、博物館・美術館では、デパートで開かれる展覧会への作品貸し出しを控える傾向にあるため、デパートの展覧会では、優れた作品を鑑賞することは望めない状況にあります。

そのため、いくつかのデパートでは、旧来の売り場の一部を使用するような仮設の施設と異なる、国宝・重要文化財を展示できる、独立した施設を作りました。このようにして、セゾン美術館、東武美術館、Bunkamura ザ・ミュージアムなどが開館したわけですが、既に述べたように長引く不況によるデパートの経営悪化のため、ほとんどが閉館してしまいました。

デパートで開かれる展覧会の案内に、「最終日は午後5時で閉会します。」などと書かれているのに気づいたことがあるでしょうか。展覧会はデパートの開店時間に合わせて、通常8時あるいは9時まで開かれているのですが、次の展覧会準備のために、最終日の閉会時間を数時間早めるのです。閉会時間の5時前には、美術輸送の作業員らが会場に待機していて、5時になるとすぐに作業に取り掛かります。作品が会場から運び出されるのに、それほどの時間はかかりません。それから、次に開かれる展覧会のための大掛かりな作業が始まります。まず、仮設壁、展示ケースなどを撤去しなければなりません。それが終わると、次の展覧会の会場作りです。額装された絵画のように、壁面に掛ける作品ですと簡単なのですが、古美術品、屏風、軸、あるいは工芸作品のように、ガラスケースが必要な場合は、製作に時間を要するので、徹夜作業となることがあります。ほとんどは、展覧会の最終日が休店日の前日になっています。会場ディスプレイが明け方までに終われば、休店日の朝から展示作業を始めますが、展示ガラスケースなどの取り付けに時間がかかると、夕方から、あるいは、夜から展示作業をすることになります。したがって、展示作業は、ときに、深夜、あるいは明け方までかかることがあります。そして、休店日の翌朝、9時過ぎから、会場に関係者が集まって、オープニング・セレモニーを行い、10時から一般公開となります。デパートや展覧会により異なるところはありますが、一般的には、このようなものです。

作業員は熟練者ばかりで、実に手際がよく、仕事はスムーズに進んで行きます。しかし、狭い場所で、大勢の人がさまざまな作業をしているので、作品の安全が確保されているとは言いがたい状況です。夜間や深夜の作業は、疲労が激しく、注意力が低下します。事故を招く大きな要因となります。

また、既に述べたように、一部のデパートを除き、作品の搬出入口、搬出入路は商品などのそれと共用です。作品を運ぶエレベーターで、ごみを運ぶこともありえます。展覧会会場の温湿度調整も、博物館・美術館に比べ不十分です。一見華やかなデパートの展覧会も、一歩内側へ入ってみれば、危険がいっぱいなのです。

また、デパートの展覧会の目的が、宣伝、集客、店のイメージアップなので、新しい企画、一般の人々が未知である企画は、あまり取り上げられません。誰でもが知っている〝一流作家の二流作品〟を見せる展覧会がよく見られます。それというのも、展覧会の評価基準が、内容の良し悪しでなく、イメージアップや入場者数になっているからです。美術ファンの拡大には寄与しましたが、美術のレベルアップには不十分でした。

このように、日本独特のデパートの展覧会は多くの問題を抱えていて、今後、どのような方向に進むのか、見通しがつきません。

*浅野敞一郎『戦後美術展略史』（1979年、求龍堂）
*林容子「美術館の周辺」（土屋良雄編『芸術経営学講座①美術編』所収、1994年、東海大学出版会）
*山口昌男『「敗者」の精神史』（1995年、岩波書店）

＊岩渕潤子「日本の美術館」（『美術館の誕生』所収、1995年、中央公論社）
＊津金澤聰廣「百貨店のイベントと都市文化」（山本武利ほか編『百貨店の文化史』所収、1999年、世界思想社）
＊田中豊稲「新聞」（並木誠士ほか編『現代美術館学』所収、1998年、昭和堂）
＊成川隆、ほか「百貨店美術館が日本にしかないって本当ですか？」（『月刊ギャラリー』2000年6月号）
＊清水久夫「美術館の『外部発注方式』」（『アートマネジメント研究』第2号、2001年）
＊林容子「デパートのギャラリーの役割と仕組み」（『進化するアートマネージメント』所収、2004年、レイライン）

Q 展覧会を売る会社があるって本当ですか？

美術館やデパートなどに展覧会の企画を売る会社があると聞きましたが、それで商売が成り立つのでしょうか。また、どのようなことをする会社なのでしょうか。

A――バブル経済真っ盛りの頃ほどではありませんが、今日でも日本の美術館やデパートでは、海外美術展（主に欧米の美術）が開かれ、人気をよんでいます。これら海外美術展の多くは、展覧会企画会社（「展覧会屋」とよぶことがあるそうです）が作り上げたものと考えられます。美術館で開かれる場合も、会場となる美術館の館長以下学芸スタッフは、制作過程に若干関与するのみで、制作された展覧会の運営管理のみを行うことになります。それというのも、ほとんどの美術館は、独自の企画として海外美術展を開くことができないからです。その理由は、以下のとおりです。

まず、海外の美術館、コレクターと交渉するノウハウをほとんどの美術館館長、学芸員が持っていません。日本では、学芸員は、ごく一部を除き、頻繁に海外へ出かけて情報を集め、人的交流を深める機会が与えられていません。また、欧米の美術館が、日本から高額の借用料を受け取ることが当然のこととなっているので、日本の美術館には、単独で借用料を支払う資金力がありません。欧米の美術館の間では、作品の借用料を支払う習慣がありません。それは、互いに作品を貸し借りする交換関係が成立しているからです。日本の美術館には、欧米の美術館へ貸し出すような所蔵作品がないため、高額の借用料を支払うことになるのです。

展覧会企画会社が行う主な業務は、開催交渉、出品作品のリストアップ、出品交渉、契約、保険契約、輸送計画、カタログ制作、展示計画です。このように、海外美術展を開催するために必要とする主要な業務を企画会社が行うので、展覧会企画会社に頼めば、学芸員のいない展示会場でも海外美術展を開くことができます。

日本で本格的な海外美術展が開かれるようになったのは、一九六〇年頃からです。「ミロのヴィーナス展」（一九六四年）には、1日あたり1万人を超す入場者が訪れ、入場を待つ人々の列が美術館を取り巻き、展示室に入っても、前の人の頭にさえぎられ、ほとんど作品を見ることができない状態でした。このような展覧会は、新聞社の事業部が企画・制作にあたり事業費を負担し、美術館は会場を提供し、運営・管理するものでした。当時はまだ地方に美術館がほとんどなかったので、東京のみの開催か、東京と京都の2会場での開催でしたが、１００万人以上の入場者があり、入場料収入とカタログなどの販売収入で事業費をまかなえました。

既に、昭和26年（一九五一）11月に、日本で初の企画展を行う公立美術館、神奈川県立近代美術館が開館していましたが、一九七〇年頃から、県立美術館が各地に誕生しました。一九六六年、茨城県立美術博物館、一九六八年、広島県立美術館、一九七〇年、兵庫県立近代美術館、和歌山県立近代美術館、一九七二年、栃木県立美術館、一九七四年、群馬県立近代美術館、千葉県立美術館が開館しました。これら美術館のほとんどは、館蔵品ゼロから出発しているため、多額の収集予算をつぎ込んだにもかかわらず、観客を満足させるような作品は収蔵できません。したがって、企画展でしか観客を集めることはできませんでした。しかも、国内作家の展覧会では、数人の人気作家を除いては、訪れる観客も少ないため、多くの入場者が期待できる海外美術展の開催を望みました。このようにして、海外美術展の需要は急激に高まりました。それまで、大都市だけで開かれていた海外美術展が、地方都市でも開かれるようになり、海外からもたらされる美術品を鑑賞できる人々を増大させることができました。

また、海外美術展の歴史を作ってきた新聞社の事業部に代わり、展覧会企画会社が現れ、デパートや新聞社あるいは美術館に企画を売るようになりました。一九八〇年代以降次々に地方の公立美術館が開館したことにより、企画会社の活躍の場は増大しました。

海外美術展が全国各地で頻繁に開かれ、希少価値が低下するのにともない、一つの展覧会への入場者が減少することとなりました。入場者数の減少は、展覧会収入の減少を意味します。それに対し、海外美術展を開くための経費は逆に増大しました。日本の企画会社が競って欧米の美術館、コレクターから作品を借用しようとして借用料を吊り上げた、と言われています。また、作品の評価額が上がったこと、国際的なテロの多発で保険料率が上がったことにより、作品に掛ける保険料が急騰したことも、展覧会経費増大の原因となりました。

このような状況で、美術館側も、企画会社に支払う分担金を予算化し、展覧会を買い取るような形が一般的になってきました。好景気が続いて税収が伸び続けていたときは、公立美術館の事業予算も豊富であったため、その資金力で次々と海外美術展を開き多くの観客を集めることができましたが、長引く不況で税収が減少し続け美術館の事業予算が削減されると、金のかかる海外美術展はあまり開かれなくなり、それにより観客も美術館から遠ざかって行きました。

それでも、東京など大都市の博物館・美術館では、大規模な海外美術展が盛んに開かれています。一九八〇年代後半から見られていたことですが、かつて海外美術展の主体となっていた新聞社にとってかわり、より宣伝力・観客動員力をもち、資金力のある放送会社（ＮＨＫを含む）が主催者として登場してきました。それらの展覧会のほとんどは、多くの観客を収容できる、大きな展示施設をもつ国立の博物館・美術館が会場になっています。国立の博物館・美術館が独立行政法人化されたのに伴い、採算性が求められたことも大きな要因でしょう。

これまでも、美術館は、独力で海外美術展を開く能力を持たねばならないと言われていますが、現状は逆行しているように見え、その実現は遥か先のことのようになりそうです。

今日、大規模な海外美術展の主役は、放送会社（ＮＨＫを含む）です。過去においては、新聞社が主役でした。時代の流れから行けば、今後海外美術展の主役は、ＩＴ関連企業となるのでしょうか。

＊林容子「美術館の周辺」（土屋良雄編『芸術経済学講座1　美術編』所収、１９９４年、東海大学出版会）
＊大島清次『美術館とは何か』（１９９５年、青英舎）
＊永井隆則「海外美術展の現状と問題点」（並木誠士ほか編『現代美術館学』所収、１９９８年、昭和堂）
＊中谷至宏「海外美術館コレクション展」（同右所収）
＊幸福　輝「『展覧会屋』のことなど」（『博物館研究』第39巻11号、２００４年）

Q 展覧会で作品を借りてくるとき、博物館はいくら払っているのですか？

図録を見ると、博物館では、いろいろな博物館、美術館、会社、寺社、個人から作品を借りてきて展覧会を開いているのがわかります。展覧会を見に行っていつも考えるのですが、博物館・美術館は、作品を借りるとき、作品の所蔵者にいくらお金を払っているのだろうか、と。高価な作品なので、さぞ高額な借用料を所蔵者に支払っているのではないでしょうか。

A―展覧会で作品を借用するさい、借用料を払うこともあれば、払わないこともあります。それは、多くの場合主催者と所蔵者との関係によります。つまり、主催者が国公立博物館の場合、新聞社の場合、あるいは所蔵者が公的機関であるか、私立博物館、個人か、などによって異なります。それぞれのケースについて述べて行きます。

○主催者：国公立博物館　　所蔵者：国公立博物館
借用料は、無料です。

○主催者：私立博物館、新聞社　　所蔵者：国公立博物館
基本的に、無料です。ただし、国立博物館の場合、手数料程度の借用料を徴収します。独立行政法人化されてから、国立博物館、国立美術館は、借用料をとることができるようになりましたが、今のところとっていないようです。

○主催者：国公立博物館　　所蔵者：私立博物館

借用料が有料の館と、無料の館があります。有料の館でも、1万円程度の館と数万円の館があります。国宝や重要文化財に指定されている作品ですと、それ以上になることもある、と言います。

私立博物館・美術館では、他館から作品を借用して企画展を行う館と、コレクションのみで展覧会を開いている館があります。他館から作品を借りて展覧会を行う私立博物館では、作品を貸すときに借用料を取ると、自館で企画展を行う際、作品を無料では借りにくい、という事情があります。したがって、作品を借用して企画展を開く私立博物館では、借用料を取らないことが多いようです。しかし、国公立博物館は、私立博物館から作品を借用するさい、借用料を支払うべきだという意見はあります。

○主催者：国公立博物館　　所蔵者：個人

原則的に、借用料は支払いません。作品を展覧会に出品することは、コレクターにもメリットがあると考えられるからです。

専門家のいる博物館が、作品を調査した上、展覧会に出品し、しかも、カタログに掲載するのですから、コレクターに出来ないことを博物館が代わりに行っている、と考えられます。だから、作品の借用料を払う必要はない、と、ある著名な研究者が言っていたのを昔聞いたことがあります。また、自分の大事にしている作品が展覧会という晴れの舞台に出るのを誇らしく思うコレクターもいるでしょう。あるいは、もっと打算的に考えるコレクターもいるかもしれません。自分の持っている作品が展覧会に出品されることにより、作品の価値が高くなることを期待するかも知れません。しかし、場合によっては、博物館はコレクターに借用料を支払うこともあります。

うです。

○主催者：新聞社等　　　　　　　　所蔵者：個人

以前聞いたところによれば、若干の謝礼を支払っているとのことです。金額は、決まっていないようです。

近年、博物館・美術館の運営経費が削減され、その穴埋めに、公立の博物館・美術館でも貸出し料を徴収すべきだと言う人もいます（事務職の人）。既に述べたように、国立博物館、国立美術館も、独立行政法人化されたことにより、作品の借用料を徴収することができるようになりました。しかし、借用料を徴収すれば、自館で企画展を開く際、他館から作品を借りてくるのに借用料を支払うことになるので、経費も手間も余分にかかり、かえって自分の首を締めることになります。

以上は、国内での作品の貸借ですが、欧米の博物館・美術館の間では、借用料を払うことはありません。

では、日本の博物館・美術館が海外の博物館・美術館から作品を借りるときはどうなのでしょうか。

新聞の記事などによれば、かなりの額の借用料を支払っているようです。しかも、バブル経済真っ盛りで日本に金が有り余っていたとき、日本で開く展覧会の主催者等が、海外の名作を借りるために競って高額の借用料を支払い、それにより作品の借用料を高騰させたという事実があります。既に述べたように、欧米の博物館・美術館の間では作品の貸借は無料ですが、日本が作品を借りるときは、見返りとなる作品も人材もないので、金を支払って借りてくるしかないわけです。

＊土屋良雄「私立美術館の予算編成」（土屋良雄編『芸術経営学講座1・美術編』所収、１９９４年、東海大学出版会）
＊大島清次『美術館とは何か』（１９９５年、青英舎）
＊「名作が来ない」（『ミュージアム再興への道』②、日本経済新聞２００３年6月11日）
＊井出洋一郎『新版・美術館学入門』（２００４年、明星大学出版部）

Q 美術品の「国家補償制度」とは何ですか？

文化庁が、美術品の「国家補償制度」を導入する方針を固めたという新聞記事を読みましたが、「国家補償制度」とは、どういう制度なのですか。

A 簡単に言えば、国内で開かれる展覧会に出品する海外作品に対し、国が保険会社の代わりをすることです。

日本では、海外から作品を借りる時、運搬、展示中、保険を掛けます。一般的には、作品の評価額の0・1％～0・2％程度の掛け捨ての保険に入り、事故などに備えます。しかし、二〇〇一年9月11日のアメリカの同時多発テロ、アメリカのイラク侵攻の影響などで、近年保険料が急騰してきました。大型企画展になると、5千万円から1億円、更にはそれ以上の保険料負担が必要となり、そのため、良質の展覧会開催が困難となってきました。また、台湾の故宮博物館のように、国家補償がなければ貴重な文物は貸し出さない博物館もあります。それで、文化庁は、日本の美術館が海外から借り入れた作品が、運搬中の事故、盗難などの被害に遭った場合、政府が損害の一部を負担する「国家補償制度」を導入する方針を固めました。国内での良質な展覧会の開催を支援するのが狙いで、二〇〇五年度からの導入を予定していました。

先進国でこの制度がないのは、日本だけです。欧米先進国では、一九七〇年代から制度化され、アメリカ、イギリス、フランスは勿論のこと、ノルウエー、ニュージーランドなどの小国にもあります。経済大国日本に「国家補償制度」がないのは、〝国の恥〟だとも言われていました。

そのため、国内約350の美術館で組織する全国美術館会議も、「良質な海外作品をより多く国民に鑑賞してもらうには、国家補償制度が必要」と、政府に制度導入を求めていました。

欧米の例では、国家補償制度には、主催者側・開催会場側が満たすべき作品の管理・セキュリティーに関する厳しい条件が付され、破損・紛失のリスクや政府の負担を最小限に抑えるようになっています。また、この制度は、必ずしも展覧会の出品作品全部を補償するものではなく、専門家で構成される審議委員会を設け、そこで文化的・教育的見地から補償する価値や意義があると認められた作品だけが対象となります。

小渕内閣のとき、この制度の成立が期待されていました。小渕恵三・元首相は、官房長官時代、世田谷美術館を訪れました。その時、大島清次館長（当時）が、美術品の国家補償制度について話をしました。小渕氏自身、美術に関心が高く、しばしば展覧会に訪れていました。お嬢さんが美術大学を卒業し、絵画の勉強をされていたこともあって、美術に関心を持っていたのでしょう。その後、文化庁では海外の制度を調べ、国内の美術館関係者からも意見を聴きました。小渕氏が首相になってからも、大島館長のところへ、しばしば電話があったそうです（当時、〝ブッシュフォン〟と言われていました）。それで、国家補償制度成立も間近と思われていました。しかし、小渕氏の急逝により、中断してしまいました。

しかし、その後も、美術館関係者は制度成立へ向けての運動を続け、やっと、国家補償制度導入となったのです。

文化庁では、国家補償制度の導入で、日本の展覧会の国際的な信用を高めると同時に、保険料の引き下げを入場料の低下につなげ、国内での著名な海外作品の鑑賞の機会を増やしたいと考えています。これで、日本も、やっと文化国家の仲間に入れてもらう方向へ進むことが期待できます。

＊大島清次「保険の国家補償制度」、「健全な芽」（『美術館とは何か』所収、１９９５年、青英舎）
＊蓑豊「美術品の国家補償制度が急務」（読売新聞２００３年８月１日朝刊）

V章 展示

この章で扱った事項は、ほとんどが博物館学の授業でとりあげられる事柄でしょう。ここでは、博物館・美術館の現場で働いている学芸員の立場から答えました。

美術館の常設展は、今後ますます重要視されるでしょう。それで、まず常設展について答えました。キャプションについては、主に川嶋・ベルトラン 敦子氏の論稿に拠り答えました。キャプションに関しては、多くの博物館・美術館で改善の余地があります。学生諸君には、博物館・美術館を訪れる際、注意深く観察してもらいたいものです。

多くの近現代美術館では、展示室の壁は白く、それを当然のことと思い、何の疑問も感じませんでした。学生から、どうして展示室の壁が白いのかと質問され、即答できませんでした。自分なりに調べ、考え、翌週それに対してこのように答えました。正解かどうか、皆様のご意見はいかがでしょうか。

絵を展示する時の高さ、クーリエなど、美術館で働いているものにとっては当たり前のことでも、学生諸君にはよく理解できないようです。それらについても、できるだけ分かりやすく答えました。

Q 博物館の展示室は、どうして暗いのですか？

博物館・美術館へ展覧会をよく見に行くのですが、いつも感じるのは、展示室の中が暗すぎるということです。せっかく良い作品を展示しているのですから、明るくしてよく見えるようにすればよいと思うのですが。

A―展示室が暗いという、来館者からの苦情を受けたことのない博物館・美術館は恐らくないでしょう。とくに、古美術を展示している博物館では、展示室が暗いことに対する苦情は日常的でしょう。来館者からの博物館・美術館への苦情で最も多いのは、展示室の暗さについてかもしれません。

近年高齢化が進み年配の来館者が多くなると、問題は深刻化します。若い方々には理解できないでしょうが、年齢が高くなると、暗いところでは物が見えにくくなってきます。年齢とともに白内障が進み、水晶体が濁ってくることからでしょうか。たとえ、そのような事情がわかっても、博物館・美術館の展示室を明るくするわけにはゆかないのです。明るいところに作品を置くと、博物館にとって貴重な財産である作品を傷めるからです。

光はエネルギーを含み、エネルギーは作品を破壊します。ことに、自然光に含まれる紫外線は波長が短く、作品に大きなダメージを与えます。紙は黄色く変色し、繊維は朽ち、絵の具は退色します。

当然のことですが、光をあてると作品が傷むからといって、光がなければ作品は見えません。作品がよく見えるように充分明るくすれば、来館者は満足するのでしょうが、作品は傷みます。よく言われる、展示と保存、互いに矛盾する二つの間で、学芸員は苦悩するのです。

そこで、妥協点を見出すわけで、作品にあてる光量の基準を作ります。文化庁は、重要文化財を展示する際の照度について指導しています。それによれば、日本画、水彩画は150ルクス、油彩画は300ルクス、版画100ルクス、染織100ルクス、その他200ルクス以下、となっています。作品・資料の素材により、光に弱いもの、ある程度耐えられるものとの差異があるので、それぞれ照度は異なります。

企画展などで他館から借りた作品は、所蔵先の博物館・美術館の照度基準に従います。

海外（欧米）の博物館・美術館から素描画、版画、写真などの作品を借りて展示するとき、照度の基準が低いのには困らされます。所蔵している美術館のクーリエが展示作業に立ち会って、現場でこの照度にするように、と指示するのですが、その照度では暗くて作品がよく見えません。

あるとき、わかりました。彼ら白人と日本人とは、眼の構造が違うのだと。海外旅行へ行って欧米のレストランに入ると、その暗さに驚かされます。白人は、暗くても物が見えるらしいのです。その代わり白人は、太陽が出ているとサングラスをします。眩しくて、眼が痛いからです。カメラの絞りにあたる虹彩に含まれる色素の差によるのでしょう。虹彩の色素が濃いと瞳は黒く、光を通しませんので、太陽の光をそれほど眩しく感じません。中間にあたるのが、茶色い瞳です。白人の目の虹彩は色素が少ないので、青色の瞳の人が多く見られます。青色の瞳は光を通すので太陽の光を眩しく感じ、サングラスが必要になります。その代わり、暗いところでも物が見えます。彼らが作った照度の基準では、黒い瞳の日本人には暗すぎます。

日本人は、もともと暗いところではよく物が見えず、しかも、高齢化が進んでいるので、展示室の明るさについては、今後も大きな問題として議論されて行くでしょう。

照明器具の改良、照明計画の改善などにより、作品を保護しながらも快適に作品鑑賞できるようになることが望まれます。

＊面出薫「博物館の光環境」（『博物館研究』第20巻2号、１９８５年）、「博物館の照明器具　最前線」（『博物館研究』第20巻7号、１９８５年）
＊日比野秀男「アメリカの美術館における照明」（『博物館研究』第20巻11号、１９８５年）
＊半澤重信「光・照明」（『博物館建築』所収、１９９１年、鹿島出版会）
＊石川陸郎「美術館・展示室収蔵庫内照明と展示ケース内照明」（土屋良雄編『芸術経営学講座１　美術編』所収、１９９４年、東海大学出版会）

Q 美術館の常設展示は必要ですか？

美術館へ展覧会を見に行くとき、時間があれば常設展示も見ます。いつも人が少なくて、企画展示室の賑わいとは対照的です。見る人が少ないのなら常設展示をやめて、そのスペースを企画展に使えば展示室の混雑も緩和されるのではないでしょうか。常設展示って必要ですか。

A――ある美術館で、電話の問い合わせがあり、展覧会について聞かれ、「今、常設展だけです」と答えたら、「じゃ、何もやっていないんですね」と言われた、という話があります。このように、面と向かって、「常設展は必要か」、と言われると、学芸員としては嘆かわしいことですが、美術館と来館者との認識のギャップを感じます。

まず、常設展について説明します。常設展とは、館が所蔵している作品（寄託作品を含む）の展示です。常設展示は、その館の性格を表す収蔵作品を展示するので、作品収集と連動し、美術館の成果を示す重要なものです。

日本の美術館では、常設展は、大きく二つに分けることができます。

A. 大幅な展示替えがない、固定的な展示

B. ある期間ごとに、ほとんど全部の作品を展示替えする、企画性のある展示

Aは、国立西洋美術館、東京国立近代美術館、大原美術館などです。国立西洋美術館の収蔵作品の

中心は、松方コレクションですが、それらの作品により、西洋美術の流れが理解できるようになっています。東京国立近代美術館は、収蔵作品によって日本の近代美術の流れをたどっています。

Ａのような展示が可能なのは、①展示作品が、長期の展示に耐えられる油彩画、彫刻が主であること。②質量ともに優れた収蔵作品を持っていること。③充分な展示スペースがあること。

以上、３つの要件を持たしているのが、上記の国立美術館二館と大原美術館です。言うまでもなく、欧米の伝統ある美術館は、みなこのタイプです。

Ｂは、ある期間、定められたテーマによる展示を行うものです。埼玉県立近代美術館、神奈川県立近代美術館、静岡県立美術館、横浜美術館、世田谷美術館など、多くの公立美術館がそのような常設展示を行っています。日本の美術館では、このタイプの常設展示が主です。

欧米の伝統ある美術館は、数多くの名作を常設展示し、世界中から観光客を集めています。美術館の基盤は、コレクションにあると考えています。どれだけ優れたコレクションがあるかによって、美術館の評価が決まると言ってよいでしょう。そのため、欧米の美術館では、数多くのコレクションを持って、高い評価を得ている美術館でも、さらに優れた作品の収集に力を入れています。美術館とは、もともと、館が所蔵するコレクションを公開する場所なのです。

着実で計画的な作品収集は、美術館にとっては最重要の活動です。ところが、日本の美術館では、一部を除き、コレクションを重視してきませんでした。美術館を設置している自治体の議会でも、「常設展示室は８００㎡の広さしかないのだから、１００点くらい作品があればそれで充分だ。既に常設展示室に展示する作品はあまるほどある。どうしてこれ以上作品を買う必要があるのか。」という質問が議員から出され、それにより作品の収集が抑制された美術館があります。特別展には金を使うが、コレクションの充実には金を出さない日本の美術館の運営姿勢のツケが、今になって回ってきたともいえましょう。

日本では、多くの美術館で作品の購入予算が削減されています。このような状況では、既存のコレクションの調査・研究を行い、常設展を充実させる必要があります。多くの美術館では、今、常設展の見直し、改革を行っています。特別展のおまけ扱いをせず、魅力的な常設展を行うことで美術館のレベルアップを図ることができ、また、美術ファンを増やすことができるでしょう。常設展は、今後、ますます重要なものとなって行くでしょう。

美術館で特別展を見たあと、常設展示室へも足を運んでください。また、常設展だけを見に、美術館へ来るのも良いでしょう。〝通〟の鑑賞者は、常設展を楽しめる人だ、とも言います。歌舞伎座の三階席のようなもので、ここへ通って美術を見る眼を養ってください。安いし、すいているし、充分楽しめると思います。

＊中山久美子「美術館の常設展示」（湯本豪一編『美術館・博物館は「いま」』所収、1994年、日外アソシエーツ）
＊阿部信雄「館種別博物館の展示活動・美術館」（『博物館学講座9　博物館展示法』所収、2000年、雄山閣出版）
＊「美術館解体新書4・素朴なギモン、企画展のない時は、何もやっていないのですか？」（『月刊ギャラリー』2000年7月号）
＊山田諭「魅力ある常設展がカギ」（朝日新聞2002年12月28日、夕刊）
＊「ミュージアム再興への道②・名作が来ない」、「同③・常設展重視」（日本経済新聞2003年6月11日、12日）

Q キャプションって何ですか？

博物館実習のとき、〝キャプション〟に関する話があったのですが、今まで聞いたことがありませんでした。キャプションとは、どのようなものなのでしょうか。

A ―キャプション（caption）を、手元にある英和辞典で調べると、次のように記されています。

名詞 1（記事・論説などの）表題、タイトル、（章・節・ページなどの）見出し。2（新聞・雑誌などの）写真［さし絵］の説明文。3（映画・テレビの）字幕（subtitle）以下略（研究社『新英和中辞典』）

美術館では、キャプションというと、一般的に、作品のそばにある、作品名、作者名、制作年、材質などが記されている、プラスティックや発砲スティロールでできた四角い板のことをいいます。また、作家解説、作品解説、時代背景などを記したパネルなどを含めていうこともあります。英語圏の美術館では、ラベルというそうです。

川嶋・ベルトラン敦子さんの論文「キャプションと来館者―展示メディアにおける文字情報の評価―」が、最も優れ、しかも、わかりやすい（にもかかわらず、入手しにくい）ので、主としてそれによりながら、キャプションについて記します。

キャプションとは、〝来館者と個々の展示物とのあいだをとりもつ役割を担うものである。〟つまり、ひとつは、古くは博物館などで「題箋」と呼ばれた物、もうひとつは、作品、作者、時代背景、技法などの説明板のことです。本と異なり、展示室で立って読むため、さまざまな配慮が必要です。まず、「見やすさ」と「読みやすさ」。「見やすさ」では、文字、文章などの形態的側面から、レタリングやレイアウトなど、印刷的配慮の問題にかかわってきます。活字の種類、大きさ、文字間隔、行間、1行あたりの長さ、余白の量などが検討されねばなりません。

文字の大きさは、フランス博物館総局では、

$$\text{文字（高さ）mm} = \frac{\text{距離mm}}{200}$$

という数式を出しています。この数式を当てはめると、2mの距離から見る場合は、文字の大きさ（高さ）は10mm＝1cmが適当ということになります。4mの距離から見るときは、文字の大きさ（高さ）は、20mm＝2cmにします。子供や高齢者には、文字を大きめにしなければなりません。また、漢字を使う日本語ですと大きめにし、暗い展示室では、少し大きい文字のほうが良いでしょう。大きければ読みやすい、と言って、やたら大きな文字のキャプションを見ることがありますが、これではセンスが疑われます。

「読みやすさ」は、書かれた文の内容の理解しやすさが問題となります。読みやすい文章にするための語彙の種類や量、位置関係、文体、文と文の関係などが研究されています。

キャプションの位置も、見やすさを左右します。これも、大人と子ども、車イスを使う人など、見る人によって見やすい位置は変わります。キャプションと作品との距離が近すぎると、作品鑑賞の邪

魔になります。絵画の場合は、基本的には、作品の左右どちらか、少し離れた壁面に貼ります。高さは、1mの距離から見た場合、床から0・9m〜1・4mくらいが見易いでしょう。ブリヂストン美術館のように、作品の手前の床に置くこともあります。彫刻、とくに現代美術の大きな立体作品の場合、どこに置くかが問題となります。少し離れた壁面ですと、作品との関係が分かりにくく、作品近くの床面に立てると、作品との関係は分かりやすいのですが、鑑賞者の足で踏まれて壊れることがあります。

作品が展示ケースに入っている場合、どこにキャプションをつけるべきかについては、さまざまな意見があります。作品とともに、ケース内にキャプションを入れるのも一つの方法です。作品とキャプションとの関係が明瞭なので、見る人が混乱することがありません。しかし、ケース内にゆとりがないときは、作品とキャプションが近くなりすぎ、目障りになって鑑賞の妨げになることがあります。それで、展示ケースの台座部分に貼ることもあります。このようにすれば、鑑賞の妨げになることはありませんが、キャプションが垂直で、しかもその位置が低いと、腰をかがめて読まねばならないので、展示している作品の点数が多いと疲れます。そのため、展示ケースの台座に貼るとき、キャプションを30度程度傾けることがあります。そのようにすれば、腰をかがめずにキャプションを読むことができます。

文字と地の配色では、白地に黒が一般的で、最も見やすいでしょう。ときに、地を灰色にすることもあります。黒と黄の組み合わせが最も見やすいという実験結果がありますが、このコントラストは強いので、長く見ていると疲れるでしょう。

文字量は、日本語の場合では、300字、400字と長くなると読む気がしません。200字以内

キャプションの設置例

■はキャプションの位置、⬆は観客の視線を示す

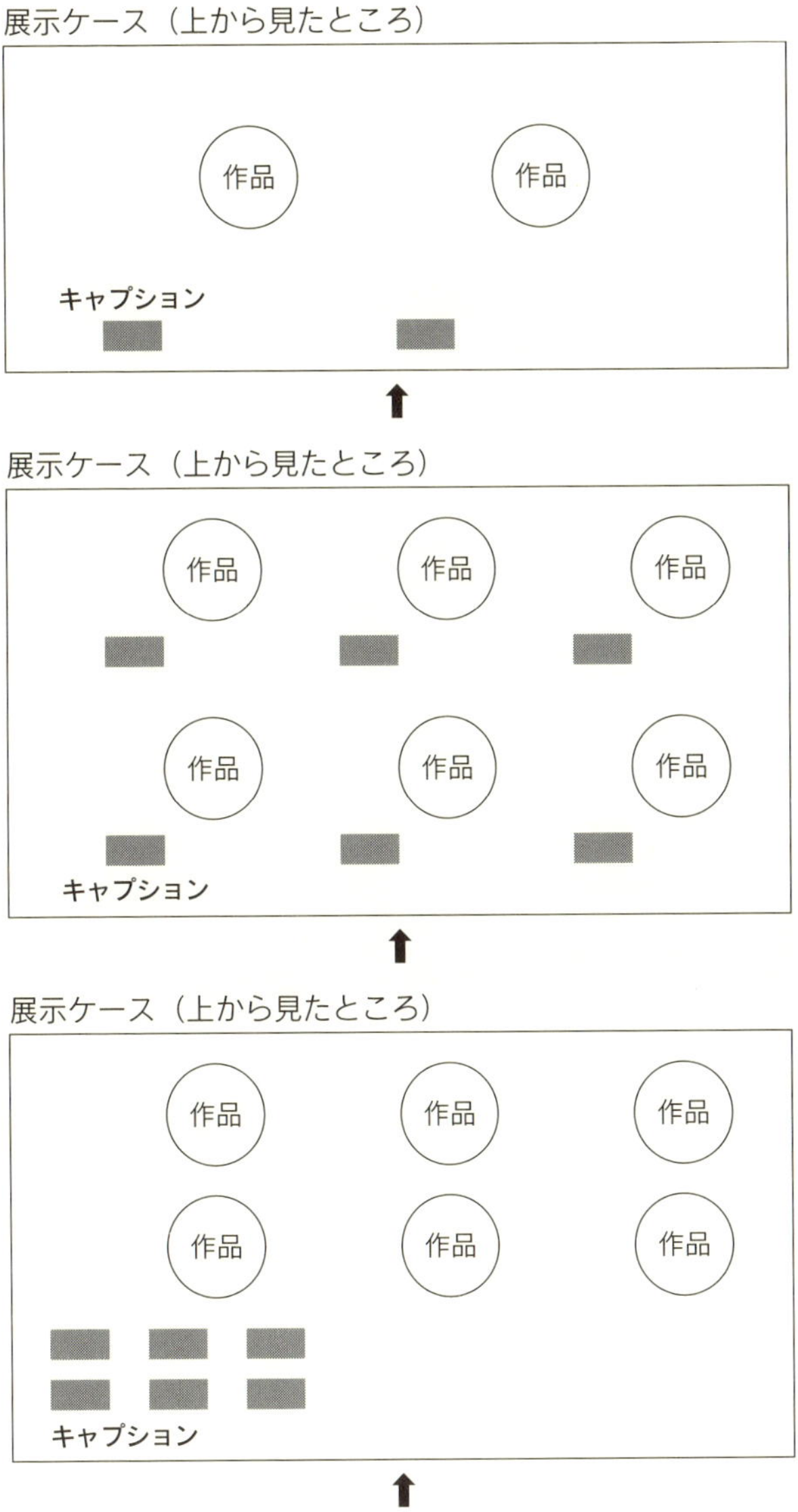

展示ケース（正面から見たところ）

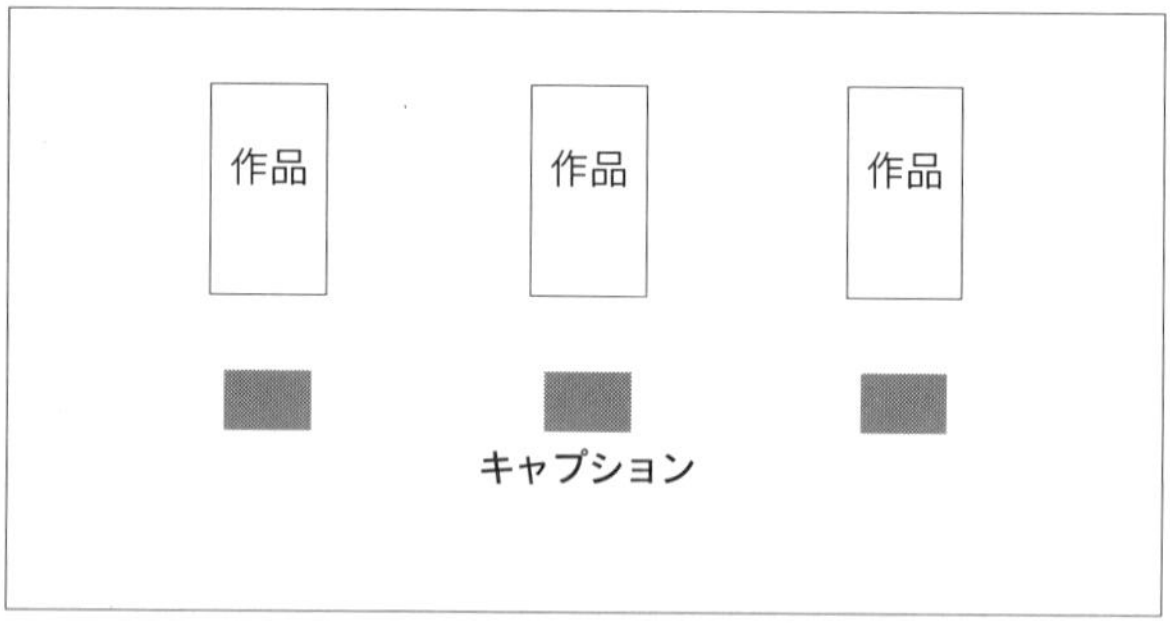

展示ケース（側面から見たところ）

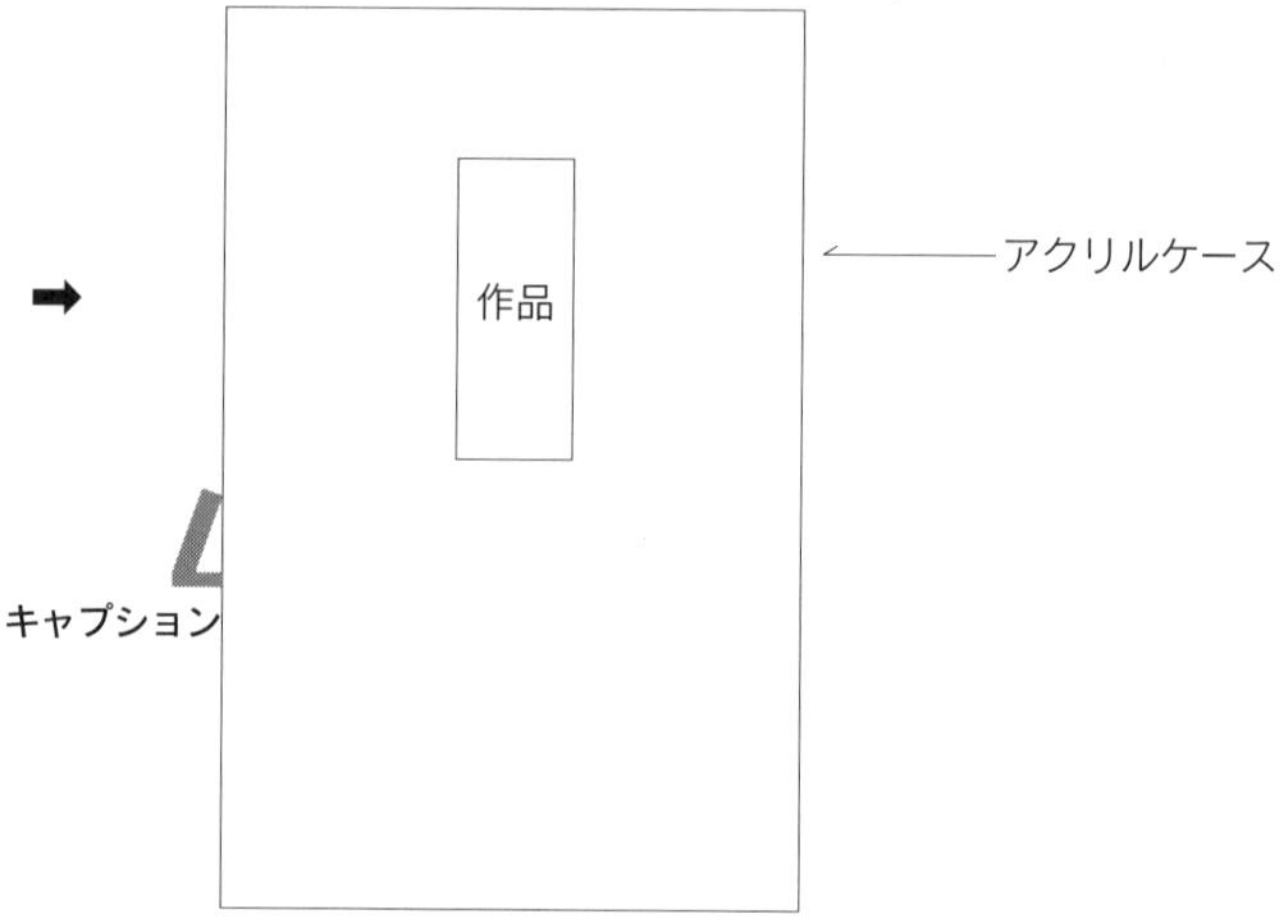

ならば許容範囲であるという意見が見られる一方、50字くらいが適切であるという意見もあります。これも、見る人により個人差があり、また、同じ人でも、その時の体調などにより、許容範囲が異なります。それと、大きく影響されるのが展示室内の混雑度です。人込みの中で、立ったまま長い文章が書かれたキャプションを読むのは苦痛です。

また、「詳しい解説キャプションを添えることは、展示品に対する来館者の関心を高めることになっているのだろうか？」という疑問に答えるため、欧米の博物館・美術館で、フィールド調査がなされてきました。同じく川嶋さんの論稿により、それらを紹介します。

ルーブル美術館で、観客の調査を行いました。絵画作品7点を選び、詳しいキャプションがある状態とない状態の2種類のものを作りました。すると、7点のうち有名な2作品で、解説のあった方が、作品を見る時間が長かったのです。それで、作品2点の前では、キャプションを読むことが作品をよく見ることにつながった、と考えられます。しかし、別の解釈もあります。

もともと、有名作品「名画」に関する説明だったから、解説に関心を示した、のだと。キャプションの効果測定が単純でないことがわかります。

アメリカのアニストン国立歴史博物館（アラバマ州）での観客行動の調査では、展示室内の環境を十段階に計画的に変化させ、観客の展示室内での滞留時間、立ち止まって展示物を見ている時間、キャプションを読んでいる時間などを測定しました。その結果は、キャプションの文字の大きさを18ポイントから36ポイントに拡大した時、解説を読む観客の割合が増加しました。また、１５０語の1枚板の解説パネルを、内容は変えずに、パネル1枚につき50語ずつ、3枚のパネルで分割提示すると、解説を読む観客の割合が増加しました。

しかし、データの分析で、ある疑問が浮かんだといいます。解説を読む観客が増えるとき、読んでいる観客の展示室での平均滞留時間が減っているというのです。解説を読むことは、展示室での滞留時間を短くするのでしょうか。考察は、以下のようでした。

観客は多様で、展示品に対する興味、関心、学び方が多様であるのと同様、キャプションの利用の仕方も異なります。熱心な観客は、どんなに読みにくくても、情報を得ようと一所懸命に読みます。それに対し、勤勉でない観客は、よいデザイン、人をひきつけるように提示方法を工夫すると、読むようになります。その結果、キャプションを読む人に勤勉でない観客が加わったため、平均滞留時間が減少したのだ、と考えられます。

オランダのユトレヒトにある中央美術館では、作品の解説文の長さについて調査しました。まず、複製画と4つの長さの異なるキャプションを用意しました。最も文字数の少ない解説（100字）には、作家名、生没年、作品名、技法のみを記してありますが、350字、650字、1，250字と増やしながら、流派、作家伝、制作技法などの情報を加えてゆきました。そして、美術館の控室で、解説文の長さについて来館者の要望をきくと、ほとんどが通常より長い解説文を支持しました。

この調査後、実際に展示室の絵画作品に、長さの異なる4種類の解説を付け替えながら、作品鑑賞時間を測定しました。結果は、350字の解説文のとき、最も作品の鑑賞時間が長かったのです。解説文の文字数を100字から350字、650字、1，250字と増やすと、文字を読む時間は増えるのですが、作品を鑑賞する時間は増えなかったのです。何文字の解説文が望ましいかについて、明確な結論は出ていませんが、解説文が長すぎると作品の鑑賞時間が短くなることは間違いないようです。

また、安村敏信氏は、学芸員の立場から、美術館のキャプションについて論じています。氏は、総ルビの大きな文字の見やすいキャプションにし、解説は、専門用語を使わず、100字前後に字数を限り、鑑賞の妨げにならないようにすべきである、と述べています。

先日、東京近郊のある博物館へ展覧会を見に行ったら、やたらに長い解説が壁面にびっしりと貼られていました。字数を数えてみたら、600字、700字もあるキャプションもありました。しかも、その解説は、カタログの文章をそのままパネルにしたものでした（カタログは縦書きで、解説パネルは横書きでしたが）。これでは、読む気がしません。博物館・美術館のキャプションは、改善すべき点が多くあることを痛感した次第です。

キャプションは、読みやすくするために、文字の大きさ、文の長さに充分配慮し、文の内容もわかりやすくしなければなりません。

また、読んだキャプションが記憶に残るような工夫も必要です。グルノーブル・レジスタンス強制収容博物館の子どもを対象とした調査によれば、記憶に残るためのキャプション表記として、①文章を簡潔にする、②子どもが理解できない語彙は使わない、③見出し語を太字に、④「右上の」、「下に」、などの語を入れ、展示物との関わりを示す、⑤「見てみましょう」のような、誘いかけの文を入れる、⑥日付を入れるなどが挙げられています。

世田谷美術館で、二〇〇〇年にルーブル美術館の所蔵作品による「メソポタミア文明展」を開催した時のことです。その展覧会では、キャプションは、日本語とフランス語で書かれていました。それで、観客の中から、「キャプションに英語がないのは不親切だ」という声が出ました。要望の通りに、英語を入れて3ヶ国語にすると、とても読みにくいキャプションになってしまうでしょう。ルーブル美術館の所蔵作品なので、フランス語をなくして、日本語と英語だけにするのも抵抗を感じます。それで、そのまま、日仏2ヶ国語のままにしていました。結局、その観客の要望に沿うことはできませんでした。

世田谷美術館の常設展示のキャプションは、日本語と英語の2ヶ国語で記されています。日本人作家もアメリカ人作家もフランス人作家も同じです。あるとき、アンケートに、次のような意見が書かれていました。

「フランス人作家の作品名に、フランス語がなく、日英2ヶ国語なのはおかしい。原文はフランス語なのだから、きちんとフランス語で書くべきである。」

この意見は、わからないわけではありませんが、日本語とフランス語の2ヶ国語にすれば、また、英語の表記をしてほしいという要望も出るでしょう。3ヶ国語で記したのでは、読みにくいキャプションになってしまいます。観客は、それぞれ自分の立場だけで意見を言うので、結局のところ、どのようにしても、すべての観客の要望を満たすことはできません。

*川嶋・ベルトラン　敦子「キャプションと来館者―展示メディアにおける文字情報の評価―」(『ミュージアム・データ』No.51、2000年)
*森田恒之「関連資料づくり」(『展示学事典』所収、1996年、ぎょうせい)
*K・マックリーン著、井島真知・芦谷美奈子訳『博物館をみせる』第8章、「ラベル」(2003年、玉川大学出版部)
*安村敏信「美術館は、むずかしい」(『博物館研究』429号、2004年)

Q 美術館の展示室の壁が白いのはなぜですか？

美術館では、展示室の壁の色はたいてい白です。壁を白くしてあるのは、作品をきれいに見せるためですか。

A ― 今日、日本では、ほとんどの近現代美術館では、展示室の壁の色は白です。ときに、壁をクリーム色、灰色、緑、紺、赤にしている美術館もありますが、あまり多くありません。″ＭｏＭＡ″の略称で親しまれているニューヨーク近代美術館（一九二九年開館）は、当時アカデミーに受け入れられなかった欧米の作家の作品を斬新な展示手法で紹介し、観客に新しい美術のあり方をアピールしましたが、そこでは、飾りの無い白い壁の展示室に作品を配列しました。その影響が大きいと思います。

展示室の壁の色は、白が最も良いとは限りません。展示する作品により、緑や赤、黒、黄色がよいときもあります。展覧会によっては、一面の壁を色分けすることもあります。壁に色を塗るとき、ときに勇気が要ります。例えば、壁を青く塗ります。作品を壁に掛けて、期待したとおりの効果が得られれば成功したといえますが、逆に、作品を掛けてみたところ、壁の色と会わないときはひどいことになります。多くの場合、時間、経費が限られているので、壁を塗り替えずそのままにするしかないでしょう。白い壁なら無難で、どのような作品でも展示できます。

壁の色を替えるのには、時間、経費がかかります。展示室の壁は、たいてい重ね塗りできる素材でできています。白い壁を緑色に変えるときには、白い壁の上に緑色の塗料を塗ります。壁面の面積にもよりますが、床の養生（壁に近い床に、ビニールシートを敷き詰める）を含め、塗装に半日から１

日はかかります。高いところは脚立やリフターを使うので、手間がかかります。塗り終わってから乾くのに1日かかるので、塗装した翌日は展示作業ができません。また、展覧会終了後は、次の展覧会で同じ色の壁を使ってくれれば良いのですが、別な色の壁にするときは、塗り替えるための経費と時間が必要になります。このように、壁の色を変えるには、経費と展覧会スケジュールを考えねばなりません。

壁を塗るのに要する経費は、壁の面積によりますが、10万円や20万円以上はかかります。経費の点や作品展示作業が2日余計にかかることなどにより、多くの美術館では、展示室の壁の色を白にすることが多いのでしょう。

＊久保内加菜「博物館の生成と発展」（鈴木眞理編『博物館学シリーズ1　博物館学概論』所収、1999年、樹村房）
＊安村敏信『美術館商売』（2004年、勉誠出版）

Q 絵を展示するとき、高さはどのようにして決めるのですか？

美術館などで絵を展示するとき、床からの高さはどのようにして決めるのでしょうか。美術館によって、高さが違うように見えるのですが。

A ―絵画を展示する時、一般的に、作品の大きさにかかわらず、絵の中心線を目の高さにそろえます。日本人の平均身長を考えると、目の高さの平均は150センチくらいでしょう。したがって、絵の中心線が床から150センチ前後というのが多くなります。それが基本ですが、多くの観客の来る展覧会では、少し高めにします。海外の美術館が所蔵する多くの名作を出品する展覧会で、1日に1万人もの観客が予想されるような場合、絵の中心線を170センチ以上の高さにして展示することもあります。もちろん、大勢の人たちが絵を見るので、前の人の頭で絵が見えないことがないようにするためです。絵を見やすい高さで展示することよりも、多くの観客を展示室に入れることが優先されるわけです。このような展覧会へ行くと疲れるのは、人込みの中に居たからだけでなく、不自然な姿勢を長く続けていたこともあるでしょう。

展示室の天井が低い場合は、絵の高さを低めにします。大きな作品の場合、絵の上端が天井に近くなることもあり、不自然な感じがして落ち着きません。また、春休み、夏休みなどに開く小学生向けの展覧会では、130センチくらいまで低くすることがあります。

絵の中心線の高さを130センチにしても、車イスの利用者には、まだ高すぎます。だいぶ前のことですが、「展覧会の会期中、1日だけでも車イスから見やすい高さに作品を展示ができないものか」という要望が、新聞の投書欄に載ったことがあります。実際のところ、展覧会の会期中に、数点ならともかく、全ての展示作品の高さを変えるのはほぼ不可能です。展示作品の高さは変えられませんが、座席の高さを変えられる車イスが開発されています。バッテリーで動くモーターがついていて、座席部分がゆっくりと上昇し、立っている人と同じ目の高さになるまで高くすることができます。これで、適正な高さで作品を見ることができます。世田谷美術館、世田谷文学館、東京都美術館などに備え付けてあるので、申し出れば利用できます（ただし、台数が少ないので、ほかに利用者があるとき、利用できないときもあります）。この車イスが、もっと博物館・美術館に普及すれば、車イスの利用者は展覧会を楽しむことができるようになるでしょう。

彫刻を展示するさい、彫刻台を使用することがありますが、その高さ、大きさについては絵画のように規則性はありません。一般的に、大きな彫刻には低い彫刻台、小さな彫刻には高い彫刻台を使います。彫刻台の高さを何センチメートルにするかは、実際に作品を見て決めます。

多くの彫刻家は、自分の作品を見上げるような高さに展示することを望みます。そのため、学芸員の立場からは高すぎると思うような高さの彫刻台を作家が要求し、美術館側と摩擦を起こすことがあります。

Q クーリエとは何をする人ですか？

海外美術展を開くと、作品と一緒にクーリエが来るそうですが、クーリエとは、何をする人ですか。

A ─クーリエとは、美術展を開くときに、作品の輸送、展示に付き添って作品の保全を監督する美術館職員のことです。〝クーリエ〟という職種はなく、作品を所蔵している美術館の学芸員、レジストラー、修復家などが、他の美術館への作品貸し出しの際に任命されます。

英和辞典では、

courier 名詞①（旅行社が団体客に付ける）添乗員、案内人、ガイド②急使、特使、密使　③（略）

と記されています。

日本で海外展を開く際、海外の美術館から作品を借りる時、通常、作品とともにクーリエが来日します。複数の美術館から作品を借りると、それぞれの借用先の美術館からクーリエが来ます。同じ国、地域の複数の美術館から作品を借りる時、借用する作品点数が少ない美術館からは、時にクーリエが来ない時があります。そのような場合は、一人のクーリエが複数の美術館の作品を担当することになります。

また、一つの美術館から大量に作品を借りる時は、それぞれの所属する部門からクーリエが来るので、10人近い人数になることがあります。

クーリエは、自国での作品の積み込み、輸送、日本の美術館への搬入に立ち会います。日本の空港に着いた作品は、通関後、美術館へ搬入され、一時保管庫へ収められますが（直接展示室へ搬入されることもあります）、クーリエは原則的に作品とともに移動します。美術館で、展示室の設営が出来上がり、展示作業が始まると、作品が入っているクレートを一時保管庫から展示室へ移動させます。展示室でクレートを開けるときは、クーリエの指示に従います。クレートから作品を取り出し、1点ずつクーリエと日本側学芸員両者で注意深く作品状態のチェックを行います。クーリエは、各自美術館を出る段階での作品の状態を記入した写真貼付の調書（コンディション・レポート）を用意していて、これに基づき作品を点検し、作品に変化があればそれに記入し、了解すれば両者が調書にサインします。

クーリエは、作品の点検だけでなく、展示室が規定した温湿度に保たれているか、照明が指定した照度になっているか、展示ケースが指定した通りの仕様になっているか、展示壁面の強度は充分か、などについてチェックし、作品の保全を確認します。クーリエは、作品の点検後、展示が完了するまで現場に立ち会います。そして、展覧会が無事スタートするのを見届けて帰国します。

展覧会が終了する頃、クーリエが再び来日します。同じ館員が来る時もあれば、別の館員がクーリエとして来ることもあります。展覧会が終わり、作品の撤去作業が始まると、展示のときと同様、クーリエと日本の美術館学芸員両者で、調書を見ながら1点ずつ点検します。点検し、了解したら、両者が調書にサインします。

点検が済んだ作品からクレートに収めますが、その作業にも立ち会います。作品の収められたクレートは、クーリエ立会いのもと、美術品専用車に積み込まれ、空港まで輸送されます。通関手続き終了後、作品を飛行機に積み込みますが、多くの場合、クーリエは同じ飛行機に乗って帰国します。

複数の美術館で開催される巡回展のときは、クーリエはそれぞれの美術館の展示、撤去に立会い、各会場で作品の点検を行います。

このように、クーリエの仕事は、責任の重い、神経を使う任務で、しかも、時差による疲労、不慣れな地での生活などの悪条件があり、かなりハードな職務と言わねばならないでしょう。しかし、この仕事も辛いことばかりではありません。展示作業等の際、予想外のことが起こった場合に備え、たいてい〝予備日〟を設けます。また、作業の進行の都合で、〝休日〟ができることもあります（美術館に搬入された作品は、周囲の環境になじむまで、少なくとも24時間経ってからでなければ、クレートから取り出すことができないので、丸1日空くこともあります）。それを利用して、クーリエは、見学・見物、旅行などもできます。その際、案内役として日本側の学芸員が同行することがあります。給料の安い美術館員ですが、このような楽しみもあります。

日本の美術館の所蔵作品を海外へ貸し出すときも、日本から学芸員がクーリエとして作品とともに海外の美術館へ行きますが、日本の美術館が持っている作品が海外の美術館へ貸し出されることはめったにありません。

＊永井隆則「海外美術展の現状と問題点」（並木誠士ほか編『現代美術館学』所収、1998年、昭和堂）

Ⅵ章　学芸員

Q&A

この章で触れた事項は、いずれも学芸員を目指す学生諸君が最も知りたいことのようで、毎年同じような質問が出されます。可能な限り具体的に分かりやすく答えましたが、ときにその答えが学生諸君を失望させることもありました。

日本の博物館では、学芸員が専門職とされながら、その位置付けが不明確です。学芸員の仕事の不明確さ、待遇の悪さ、学芸員養成に対する不信。いずれも、今日置かれている博物館学芸員の状況を反映していると言えるでしょう。博物館学に関する本が、これら学生諸君が抱いている疑問に充分に答えていないのが不思議です。不充分ながらも学生諸君の疑問に答えたいと思いました。

最後に、学芸員の養成制度についても答えました。20年以上前から問題とされてきましたが、一向に改善される様子はありません。

Q 学芸員になっても、研究は続けられますか？

今、大学院に在籍していますが、修了後、博物館の学芸員になる予定です。でも、とても心配なことがあります。今取り組んでいる研究を今後も続けられるのかどうかです。学芸員は、専門職なので、研究できると考えているのですが、実際はどうなのでしょうか。

A ―学芸員の職を得た後も、研究を続けて行こうとする人が、博物館の学芸員になることは、歓迎すべきことです。近年、学芸員の「事務職化」が所々で見られるので、そのような意欲を持つ人が一人でも増えてもらいたいと願うものです。

しかし、これは、実に難しい問題で、答えるのに窮します。「公式見解」や、理想論を言うのは簡単ですが、今、博物館学芸員が現実に直面し、苦労していることを述べるのは、多くの困難があります。納得できる回答になるかどうか分かりませんが、可能な限り述べてみます。

研究が続けられるかどうかを決めるものとして、勤める博物館の状況、館長や上司（学芸課長など）がどのような人物か、あるいは、同僚との関係、そして、何よりも本人の資質、意思、意欲など数多くの要因があります。家族関係なども重要で、それらが、研究を継続できるかどうかを決める要因であると考えます。

まず、学芸員は、職種が行政職であろうと研究職であろうと、常に研究しなければなりません。そのためには、博物館は、学芸員個人に犠牲を強いることなく、研究できる体制、環境を作る義務があります。今でも、「研究などと言うのは、仕事が終わってから家でやればいい。休みの日に、自分の時間を使って勉強すればよいのだ。本人の努力、意志で何とでもなる」、と言う人がいますが、現実的ではありません。趣味の世界とは違うのです。

研究できる環境でなくても、初めの何年かは、無理してでも、本人の努力で乗り切れるかも知れませんが、長続きするものではありません。既に現役を退かれている先輩達が現役の学芸員であった時代とは、今日、状況は大きく変わっています。献身的な配偶者がいて、経済面も含め、子供のこと、親戚づきあいなど、全てのことを一人でやり、不満を言わず、ひたすら耐えてくれ、そのお陰で本人は、家庭のことを一切顧みずに研究だけに専念していればよい、というのが許される時代ではありません。男女を問わず、家事の分担もしなければなりません。育児にも参加しなければならなくなりました。高齢化社会となり、自分の両親の介護、配偶者の両親の介護をしなければならない場合もあるでしょう。昔と違い、兄弟の数が少ないですから。

女性ですと、出産、育児があるので、さらに負担が重くなります。部屋数の多い家に住める、恵まれた人はそれほどいません。家では本も読めないという人もかなりいます。昔と違い通勤時間も長くなっています。

やはり、博物館として、研究できる体制、環境を整えねばなりません。学芸員が研究しない博物館など、信用できません。たとえ華々しく展覧会を開き、多くの観客を集めようとも、中身は薄っぺらで、じきに鍍金がはがれます。

では、研究できる体制、環境はどのようにして作れるか、その要因を個別的に考えてみましょう。

［博物館］

既に言われているように、博物館学芸員の研究は、大学院時代のそれとは異なります。指導教員と相談して研究テーマを比較的自由に決められるのと違い、ある程度の、あるいは、大きな制約があるのは覚悟しておかねばならないでしょう。それというのも、大学院では、自分で授業料を払っているのと反対に、学芸員は給料をもらっているからです。最も望ましく、公式的な見解を言えば、二、三年かけてあるテーマについて研究し、その成果の発表の形で企画展を行うことです。作品資料を展示し、カタログにエッセイを掲載し、それで足りないところを、館で発行している紀要に論文を掲載する、というようなことです。

しかし、理屈の上ではそのように言えても、その実現は簡単ではありません。企画展の開催にあたっては、採算性、集客などを考えねばなりません。また、近年、どの館も開催する企画展の数を減らしています。何年もかけて研究した、地味な展覧会を開いてくれる程、博物館・美術館は寛大ではなくなっています。

ついで望ましいのは、自館が所蔵している作品、資料、あるいは作家について研究することです。これは、比較的認められやすいでしょう。この場合、大学院で研究してきたテーマと同一、あるいは近いものであることは、ほとんど期待できません。しかし、大きな問題は、自分の館に研究に値する作品、資料があるのか、研究に値する作家がいるのか、ということです。さしたる作品、資料を所蔵していない博物館・美術館では、それも難しいでしょう。

さらに考えられるのは、自館の活動を中心にして事例報告という形で研究発表することです。この場合も、報告に値する独創的な活動をしているのかどうかが問題になります。他館で行っている活動の二番煎じ、マンネリ化した活動しか行っていない博物館では、それも出来ません。

優れた作品、資料を多く収蔵している博物館、独創的、先進的な活動をしている博物館では研究が出来ても、見るべきコレクションを持たない博物館、さしたる活動をしていない博物館では、研究も思うようにはできない、ということになります。そうなると、個人の努力では乗り越えられない問題になります。

しかし、それでも、研究することがある程度保障されている博物館であれば、研究に基づく作品・資料収集をすることも出来るし、館活動を行うことも出来る余地があるので、それほど絶望することもないでしょう。

ここで、学芸員の道を進もうとしている人のために、大阪市立博物館の学芸員を長く勤めてきた相蘇一弘氏の「博物館資料の収集と学芸員の研究」を紹介します。博物館学芸員の研究の一つのあり方として、参考になるでしょう。

相蘇氏は、一九六九年、大阪市立博物館の学芸員に採用されました。就職7年目の一九七六年、特別展を一人で任されました。選んだテーマは、「大塩平八郎」でした。この展観では、大塩の書簡61通が集まりました。この61通を核にして、将来大塩書簡の集大成をしようと決心し、以後、大塩書簡の収集を心がけました。そして、25年の間に１００通の新しい書簡に巡り会うことができ、計１９０通の書簡内容を把握するに至りました。１９０通のうち実物資料は１３４通、このうち大阪市立博物館の館蔵資料は52通でした。氏は、努力の末にこれだけの書簡を収集したわけです。本人の努力もさることながら、それを支えた博物館にも敬意を払うべきでしょう。

実証的研究には、実物資料が不可欠です。大学での研究も博物館での研究も変わりはありませんが、大学は原則として現物の資料を集めるという機能を持たないのに対し、博物館では着実に資料の収集をしています。学芸員は、資料の収集も研究も普及活動もすべて行うことを要求されています。従って、できるだけ資料を集め、研究し、研究の成果が展示になり、展覧会の成果が更に次の研究のステップになることが望ましいのです。公費で実物資料の収集ができるのは、学芸員の特権です。博物館が大学など他の研究機関と異なる最大の特色は、「実物資料を収集する」ことにあり、それに関わることができるのが学芸員です。もし学芸員が資料収集と自分の研究を連動させることができれば、博物館にとっても学芸員自身にとっても幸せなことでしょう。

［館長］

日本の博物館は概して小規模なので、館長の姿勢、価値観、考え方が、研究できる体制が作れるかどうかを左右します。

研究できる体制つくりのためには、館長は、自ら研究する人であるべきでしょう。館長が、行政職で、学芸員を研究者として認めない人であれば、学芸員は研究を続けるのに辛い思いをします。館長が、専門職で、研究者であれば、博物館全体の雰囲気はずいぶんと研究しやすい環境になると思います。

［学芸課長］

学芸課長は、一般的に館長よりも学芸員と接する時間が長く、学芸員との距離も近いので、影響力も大きいでしょう。

学芸課長が学芸員であればほとんど問題がないのですが、時に、事務職が学芸課長になり、あるいは、事務職の副館長が学芸課長を兼務するときは、しばしば悲惨な状況となります。管理職である学芸課長は、館の活動を決定していく強い権力が与えられているからです。館の活動を決定するためには、博物館の仕事を理解しなければ勤まらないのですが、多くの場合、事務職の学芸課長は、博物館についてほとんど知識を持たず、また、博物館の活動を理解しようともしません。行政職を長く勤めていたのですから、博物館の専門知識がないのは仕方のないことです。それならば、各分野の専門知識を持つ学芸員に聞けばよいのですが、変なプライドを持っている人が多く、謙虚に、「教えてもらおう」、などと考える人は少数です。専門知識を持つ人に敬意を表することなく、地位の上下関係を利用し、研究するのを邪魔したりします。

一般的に、専門職が中心になって動く職場には事務職は行きたがらないので、博物館への異動を知らされたとき、自分は左遷されたのだと思い、博物館へ来た初日から次の異動を考える課長もいるとのことです。そうであれば、博物館の職場環境をよくしよう、働きやすくしよう、などとは考えません。もちろん、学芸員が研究すべきだ、などと決して思いません。

そもそも、事務職の管理職を学芸課長にすることは、行政側に問題があります。県や市が、よい博物館にしようという意思を持っていないことを示すものでしょう。

［同僚］

私が、学芸員として採用されたとき、東京都では、採用条件に、学芸員資格を持っていることと、大学院修士課程修了または実務経験3年以上、というのがありました。〃規制緩和〃というのでしょうか、いつのまにかその中の一つがなくなり、今では、東京都では、大学院を修了しなくても、実務経験がなくても、学芸員資格があれば、大学を卒業してすぐに学芸員に採用されることが可能になりました。しかし、国立博物館・美術館、多くの公立博物館・美術館が、大学院修士課程修了以上を採用条件にしているのは、それなりの理由があってのことです。

博物館により、雰囲気は随分違うようです。博物館によっては、机に座って本を読んでいたり、調べものをしていたりすると、同僚から嫌味の一つも言われることを覚悟しなければならず、時に、「本を読む暇があったら、もっと仕事をすればいいのに」、と言う声が聞こえてくるところもあるといいます。さらに、学会で発表したり、論文を書いたりすれば、犯罪者扱いされる博物館があると聞いたことがあります。

事務的な能力は、学部卒の人の方が優れていることがあります。すると、そういう人が、学芸員の間でも評価されたりします。もちろん、事務の管理職は、大学院を出た学芸員よりも、素直な、学部卒の学芸員を重宝がります。

「なまじ、大学院を出ると、頭でっかちになって動きが鈍くなって、身体も動かない。生意気で、現場の仕事を嫌がる。学芸員は勉強じゃない、頭じゃない、体力勝負だ。」

そうなると、大学院を出た学芸員は、学部卒の学芸員よりも昇進が遅れることになります。博物館の中がいったんこのような雰囲気になると、新人学芸員を採用するときには、大学院修了者を敬遠することが起こります。「大学院出は使いにくい」、と言って。

その結果、大学院を出て、調査研究に力を入れる学芸員は少数派となり、やがて、その博物館の社会的な評価は下がることもあり得ます。

既に繰り返し言われているように、学芸員を研究職にし、研究職としての待遇を与えるべきなのですが、嘆かわしいことに現実は、むしろ、逆行しています。

＊千地万造「展示はどのようにしてつくられるか」（『博物館の楽しみ方』所収、１９９４年、講談社）
＊浜田晋介「管理職の在り方と専門性」（湯本豪一編『続　美術館・博物館は「いま」』所収、１９９６年、日外アソシエーツ）
＊永井隆則「模索する美術館・４　研究機関として」（並木誠士ほか編『現代美術館学』所収、１９９８年、昭和堂）
＊加藤哲弘「研究者としての学芸員」（加藤哲弘ほか編『変貌する美術館』所収、２００１年、昭和堂）
＊相蘇一弘「博物館資料の収集と学芸員の研究」（『博物館研究』４１１号、２００２年）
＊藤森一好『はみ出し学芸員のＮＹ留学』（２００２年、ぺりかん社）

Q 博物館では、学芸員をどのように採用するのですか？

博物館の学芸員になりたいのですが、博物館では学芸員をいつ、どのように採用するのですか。

A―学芸員を目指す学生諸氏にとって最も知りたいことは、学芸員の採用についてでしょう。小・中・高校の教員や公務員の採用は、毎年ほぼ同じスケジュールで募集要項が発表され、採用試験が行われます。したがって、それに合わせて準備を進めて行けばよいので、計画が立てやすいわけです。それに比べると、学芸員の採用はその手順が必ずしもオープンになっていないので、学芸員を目指す学生諸君はどのようにしてよいのかわかりません。そのため、意欲のある優秀な学生であっても、学芸員になることをあきらめざるを得ないこともあります。

学芸員の採用を制度化できないのは、学芸員の人数そのものが、教員に比べて圧倒的に少ないことがまず第一の理由です。

人口80万人の世田谷区には、区立小学校が64校あり、1、410人の教員がいます。区立中学校は31校あり、634人の教員がいます。小・中学校合わせて公立の学校の教員は、2千人以上います。一つの区で、これだけの教員がいるわけです。人口359万人の神奈川県には、公立の小・中・高校合わせて47、787人の教員がいます（いずれも平成16年度）。

ところで、日本国内には、いったい学芸員は何人いるのでしょうか。「平成14年度社会教育調査報告書」によれば、登録博物館・博物館相当施設1、120館の学芸員が3、393人、博物館類似施設4、243館の学芸員が2、243人で、合わせて5、363館の学芸員は、合計5、636人です。これには、兼任・非常勤学芸員が入っていないのですが、その人数を加えても、せいぜい7千～8千人程度と考えられます。このように、学芸員全体の人数が少ないため、退職する人数も少なく、したがって新たに採用する人数が少ないのです。

ついで、学芸員という資格は単一であっても、採用の際は多くの場合、専攻分野が問われます。ひとくくりに博物館といっても、歴史博物館、美術館、動物園、水族館と館の性格が多様なうえ、たとえ同じ歴史博物館であっても、考古学、民俗学、歴史学と分かれ、さらに歴史のなかでも、古代史、中世史、近世史、近代史と専門が分かれています。このように細分化しているため、制度化も難しいのです。これが、第二の理由です。

さらに、新設の公立博物館に限られることですが、議会との関係で学芸員の募集から採用までの期間が短いときが多いのです。ほとんどの場合、議会で博物館建設基金条例が制定された後に学芸員の採用が行われます。開館準備のため、できるだけ早く学芸員を採用しようとすると、その期間が短くなるわけです。これが、制度化できない第三の理由です。

学芸員になりたい人たちに一つだけ言えることは、すでに開館している博物館へ行って採用があるかどうか聞いても可能性は少ない、ということです。近年では、誰か辞めない限り採用はないからです。博物館建設計画のある県、市、町村などの情報をできるだけ早く入手し、開館準備室へ問い合わせるように、と言っています。

一九九六年10月に開館した、滋賀県立琵琶湖博物館の学芸員採用についてみてみましょう（〝滋賀県立琵琶湖博物館の展示製作工程〟より抜粋）。

年月	学芸員数
1988年３月	0
1990年12月	５人
1991年８月	10人
1994年３月	18人
1995年３月	21人
1996年４月	32人

もちろん、博物館により、準備期間が異なり、学芸員の採用人数、採用開始時期など一様ではありませんが、参考にはなるでしょう。

20〜30年前は、学芸員の採用も、おおらかと言うか、大雑把でした。夏休みに博物館実習に２週間通い、その縁で卒業後その博物館の学芸員になった。あるいは、博物館でアルバイトをしていて、数年後に学芸員になった事など、よくありました。

私の場合、ある私立博物館で学芸員をしていたのですが、世田谷に住んでいる知人に、「今勤めている博物館を辞めたい」、と言ったら、「世田谷で美術館を造るので、学芸員を採用するらしい」と教えてもらいました。それで、世田谷区役所の美術館建設準備担当に電話して、「学芸員採用の予定がありますか」ときいたら、学芸員を採用するかどうかまだ決まっていないが、履歴書を送るように、と言われました。速達で履歴書を送ったら、届いた頃に、事務所へ来るようにと自宅に電話がありました。数日後、区役所内の一部に造られた狭い事務所へ行くと、そこで面接らしきことがあり、責任者とおぼしき人から、私の大学院での専攻分野がこれから造る美術館で求められているものと異なるので私は採用されないだろう、と言われました。履歴書を見ればわかるものを、それを言うためにわざわざ区役所まで来させるとは、役所は随分人を馬鹿にするところだと腹を立てて帰ってきました。ところが、数日後再び自宅に電話がかかってきて、レポートや書類の提出を求められました。よく理解できなかったのですが、その当時、勤めていた博物館を辞めるつもりでいて、新しい勤め先を探していたので、言われるままにレポート、書類などを提出しました。大場啓二区長（当時）の面接もありました。さらに、卒業証明書など何種類もの証明書などを提出し、ひと月あまり後に総務部美術館建設準備室学芸員に採用されました。ともかくも、新しい仕事が見つかり一安心しました。常識とかけ離れた採用の仕方ですが、美術館開館準備の仕事の進め方も、今考えても非常識なことが日常的になされていました。それは、二十数年前のことで、私にとっては、学芸員として三館目、世田谷美術館学芸員のスタートでした。

学芸員の採用方法は、公募によるもの、コネによるものなどさまざまです。公募の場合、その専門分野の専攻のある大学、同種の博物館へ募集要項を送ることが多いようです。最近は、都道府県や市の広報紙に募集案内を掲載することも一般的になってきました。一人の募集に、40〜50人の応募があることもあります。試験は一次が一般教養、語学、専門分野に関する筆記試験、二次が面接、というのがほとんどです。コネによる採用は、その事情に関して興味深く、面白い話をきくことがあるので具体的に述べてみたいところですが、ここに書くと差し障りがあるので、止めておくこととします。

若干古いものですが、平成5年（一九九三）に、博物館学芸員に関して日本博物館協会により行われた調査報告の中で、学芸員の採用状況について記されているものがあります。調査は、各館へのアンケートによるものです。回答した博物館は779館で、学芸系職員の総数は3、185名でした。そのうち、大学新卒969名（30・2％）、大学院新卒367名（11・5％）、教員からの転入360名（11・3％）、他の博物館職員からの転入235名（7・4％）、教育委員会事務局からの転入263名（8・3％）、その他991名（31・1％）でした。大学、大学院新卒は、合わせて1、336名で、全体の41・9％でした。

ついで、学芸員の採用条件について。①学芸員資格の有無を採用条件としている館は、547館のうち362館（66・8％）でした。その内訳を、設置者別にみると、国立が1館（16・7％）、都道府県立では65館（69・9％）、市・区立では130館（72・6％）、町村立では51館（68・9％）でした。公立の合計は246館で、公立全体の71・1％が学芸員資格取得を採用条件にしていました。また、私立では、115館（59・0％）で学芸員資格取得を採用条件にしていました。

②学歴によるものでは、大学卒を採用条件にしている館は114館（20・8％）、大学院修了を条件としている館は31館（5・7％）でした．また、大学での専攻を採用の条件としている館は23館（40・8％）でした。採用条件のなかで、大学院修了を条件とする館は、とくに都道府県立の館に多く（30・6％）、中でも美術館で目立ちます。

③大学等での専攻内容を条件とする館は、都道府県立58館で62・4％、市・区立が77館で43・0％、公益法人立53館で35・1％となっていました。館種別では、自然史系が69・6％で、とくに専攻が重要視されています。

採用方法については、①公募、②特別採用、③教職員からの異動、④公務員採用試験（一般職）、⑤その他、の5項目で調査されました。回答館963館のうち、①公募は300館で、31・2％、②特別採用は269館で、28・0％、③教職員からの異動110館で11・4％、④公務員採用試験によるもの243館で、25・2％となっています。

公募を公立博物館について見ると、都道府県立63館（38・0％）、市・区立127館（37・1％）、町村立39館（22・7％）で、公募を導入する館が多くなっています。私立博物館では、特別採用は、267館のうち134館（50・2％）と圧倒的に多くなっています。教職員からの異動による採用は、都道府県立で40・1％と高率になっています。公務員試験による採用では、市・区立館が40・9％、町村立館が41・3％で、高い比率を示しています。

ついで、昭和63年度から平成4年度までの「過去5年間の学芸員の採用実績」については、回答館1、034館のうち、採用があったのは、508館で半数もありませんでした。おそらく、採用実績のあるほとんどの館は、調査時点で開館してから数年以内と考えてよいでしょう。すでに述べたように、開館前に学芸員を採用し、開館後はしばらくの間採用しないというのが一般的でしょう。

学芸員の採用方法についての調査は難しく、ここに表れた数字が現実を正確に示していると言えるかどうか疑問を感じないわけではありません。形のうえでは〝公募〟になっているものの、実際には学芸員として採用される人は初めから決まっている、という噂は時々耳にします。

なお、公立博物館の学芸員採用については、近年、原則的に公募となっているので、今日では、公募の比率はもっと高くなっているでしょう。

*日比野秀男「美術館学芸員になるには」(『美術館学芸員という仕事』所収、1994年、ぺりかん社)
*日本博物館協会「学芸員等実態調査報告Ⅰ」(『博物館研究』325号、1995年)
*遠藤廣昭・濱崎好治「設立準備と学芸員の採用時期」(湯本豪一編『続　美術館・博物館は「いま」』所収、1996年、日外アソシエーツ)
*日本博物館協会『日本の博物館の現状と課題』(1999年)
*佐々木亨「最近の展示の動向と課題」(博物館シリーズ3『博物館展示・教育論』所収、2000年、樹村房)
*深川雅文「就職の実際」(『学芸員になるには』所収、2002年、ぺりかん社)
*井出洋一郎「美術館の組織と学芸員」(『新版・美術館学入門』所収、2004年、明星大学出版部)

Q 学芸員をしていて、いちばん辛かったことは何ですか？

学芸員は専門的職業としてやりがいのある仕事なので、学芸員になりたい人がたくさんいる人気職業です。最近では、学芸員一人の募集に対し50人の応募があったという話など、珍しくありません。そのような仕事でも苦労は多いと思いますが、学芸員の仕事をしていて、いちばん辛かったことは何ですか。

A──学芸員は、専門的職業と言われながらも、現実は雑用が多く、多忙で、苦労が多い仕事だとよく言われます。確かにそれは事実でしょうが、それが全てではありません。もし、苦労ばかりだとすれば、学芸員の離職率はもっと高くなるはずです。私の周りを見ても、学芸員を辞めて他の職業に就いた人は、大学の教員になった人以外、ほとんどいません（公立美術館の学芸員で、本人の意思に反して、博物館施設以外の職場に異動させられた、という話は、最近いくつか聞きました）。学芸員という仕事は、それなりに面白い仕事なのでしょう。

何がやりがいがあるのか、何が面白いのか、何が辛いのかは、個人によって感じ方が異なるので、私の場合について述べます。ただ、ある程度共通しているところはあると思いますが。

私がいちばん辛いと思ったのは、開館準備段階、それも初期の頃です。博物館・美術館を建設する場合、館長（館長就任予定者と言うべきでしょうか）を中心とした学芸スタッフが中心になって開館準備をするべきだと博物館学の本には書かれていますが、実際には、ほとんどの博物館・美術館では、ある時期まで事務職が主になって開館準備作業を進めています。なかには、開館直前まで館長、学芸員を採用しない博物館もあります。

世田谷美術館の場合、美術館建設準備室は、6人の体制でスタートしました。トップの室長は、事務職の課長。事務職は、ほかに3人（一人は、係長級）で、学芸員は2人。そのうちの1人が私なのですが、ともに新採用です。

学芸員として採用されたとき、すでに基本構想は区長に答申され、建設委員会、収集委員会のメンバーも決まっていました。その段階で基本的な枠組みは出来上がっていたわけです。当時は、何だかわからないうちに、どんどん開館準備が進められていって、ほとんど理解できていませんでした。

学芸員が少数派であるということもあり、仕事は全て事務職ペースで進められました。今考えれば、すべきことはたくさんあり、実際にそれをしていたら、美術館にとっても、私にとっても、よりよい方向へ向かったのでしょうが、実際には学芸員としての仕事はあまりしていませんでした。今だから言えることですが、知識、経験が不十分な上、はっきり言って、毎日続くゴタゴタにうんざりして、やる気を失っていたのです。

当時、「教えてくれる人」がいなかったのも、不幸なことでした。今更、「教えてもらう」なんて虫が良すぎる。自分で勉強するものだ、と言う人がいるかも知れませんが、博物館学の本をいくら読んでも、現実に直面している問題に対し、実際にどうすべきかが分かりません。こういう時には、大学で学んだ博物館学はあまり役に立ちませんでした（と言っても、学生時代、博物館学をきちんと勉強したわけではありませんが）。

「教えてくれる人」には、二つあると考えています。一つは、指導者として、教え導く人。館内で言えば、館長（館長就任予定者）、学芸課長、先輩です。数年近く、そのような人がいませんでした。もう一つが、人的なつながりにより、情報を提供してくれる人。他館の経験豊かな学芸員などです。博物館・美術館が開館していれば、展覧会のための調査、研究、あるいは作品の借用、貸出などがあり、他の館の学芸員と知り合いになる機会があります。また、研究会、学芸員研修などで知り合うこともあります。そのような際に知り合いになった人たちとの人的ネットワークを使い、必要な情報を提供してもらうことが多くあります（当然、こちらから情報を提供することもあります）。情報の中には、外部へ漏らせないようなものが含まれることもあります。相手を知っているから、そのような情報を提供できるのであり、この情報は大いに役立ちます。互に情報を交換することは、仕事を進めて行く上では、精神的にも支えになり、困難を乗り越える力にもなります。

ところで、原因は何であったかは覚えていないものの、建設準備室の中では、言い争いは日常的に起こっていました。準備室長は興奮しやすい人で、そういう時、「処分する」とか、「辞めさせる」という暴言が出ました。「君らが辞めても、学芸員になりたいのはいくらでもいる。替わりはいくらでもいる」、と言われたこともありました（おそらく、言った本人は覚えていないでしょうが、言われた方は、20年経っても忘れません）。学芸員に対し実に失礼な発言ですが、それがまかり通っていたのが、今考えてみれば不思議なことです。

他に仕事があればすぐにでも辞めたのでしょうが、望むような仕事はすぐには見つかるはずもありません。それがわかっているので、準備室長は、言いたい放題、やりたい放題だったのでしょう。さすがに、後にこの言動は職員組合により問題にされましたが。

しかし、今考えれば、美術館を建設するという重責を負っているにもかかわらず、部下の学芸員が非協力的で足を引っ張る（実際にはそうでなかったのですが、本人はそう思っていたのでしょう）ため、あのような言動に出たと理解できますが、当時は、面と向かってそう言われて、一緒に仕事をして行こうという気にはなれませんでした。

長い役人生活で、美術館建設というような華々しい仕事に一度でも関われれば幸いで、ほとんどの公務員は地味な仕事だけで役人生活を終えます。それだけに、当時、「美術館建設準備室長」の職は、区役所の中で最も輝かしいポジションの一つだったのです。また、当然、課長としての権限、権力をもっていました。そして、著名な美術作家、美術、建築の専門家とも協力して仕事を進めて行きます。美術館建設という大きなプロジェクトが、室長を中心にして動いて行きます。室長が主役であったと言ってよいでしょう。今考えてみても、役人として有能だったことは確かです。

学芸員の仕事というのは、展覧会の企画・運営、資料の収集、整理、保管。講演会、シンポジウム、ワークショップなどの教育普及事業の企画、運営、パフォーマンスなどの企画・実施などです。それらの仕事を実現させて、学芸員は初めてその存在感を示すことが出来るのです。開館準備段階、しかも館運営の経験、実績がほとんどない学芸員にとっては、いわば、〝腕の見せどころ〟がないため、結構惨めな思いをします。

しかし年毎に学芸員が採用され、人数が増えるに従い、学芸スタッフの力が強化されてきました。それでも、事務と学芸の対立（と言うよりも、準備室長と学芸員の対立と言った方がよいかもしれませんが）は、相変わらず激しいものがありました。そこで、早く、専門職の館長就任予定者を決めねばならない、という意見が上層部から出たのですが、なかなか決まりません。準備室長が先延ばしにしているという噂が流れました。専門職の館長就任予定者が決まれば、自分の出番が減るからだというのです。実際にそうであったかどうか、本当のところはいまだに分かりません。

やがて、開館一年数ヶ月前には、館長予定者も決まり、ある程度落ち着いてきました。それでもなお、準備室内のごたごたはなくなりませんでした。そのうち、恐ろしいことに、開館後は準備室長が学芸課長を兼務する、という噂まで流れてきました。

そのような状況でも、ともかくも美術館はめでたく開館し、開館記念展をはじめとする様々な数多くの催しが華々しく行われました。

開館後の主役は館長であり、学芸員です。館運営の中心は学芸員だということは頭の中では分かっていても、実際に開館していなければ実感できません。全く信じられないくらいに大きく変わりました。

当然でしょうが、開館してからの方が、仕事量は増えました。イベント続きで、半月くらい休みが取れないこともよくありました。確かに疲れましたが、精神的には、開館準備中の時よりも楽でした。開館前、事務職の上司との対立に苦労し、ストレスで腰痛になったのですが、それも消えました。

それで、回答ですが、開館準備中、事務職が中心で仕事が進んでいたとき、上司である事務の管理職の下で働いていたときがいちばん辛かった、ということです。

Q 学芸員の給料は良いのですか？

公立博物館の学芸員は、地方公務員になるのでしょうか。それならば、給料は公務員と同じなので、高くはないもののそこそこにはもらっているのでしょう。私立博物館だと、設立している会社の社員と同じ給料なのですか。

A―私も短い間でしたが、都心にある私立博物館に学芸員として勤めたことがあります。それで、まず、自分の経験と見聞したことを基に、私立博物館の場合から述べます。

私は、大学院の博士課程を修了していました（正確には「修了」でなく、〝単位取得退学〟というそうです）。すでに、30歳を過ぎていましたが、私立博物館から最初に提示された給料は、大学卒の初任給にも満たないくらいの金額でした。その博物館に勤めるにあたっては紹介者がいて、その人が、「それではあまりに低い」、というので交渉して、あげてもらいました。それでも、世間の相場から見て安い給料であったことは間違いありませんでした。かといって、その博物館の給料が特別低かったと言うわけではありません（それは、辞めたあとで知ったことでしたが）。

私立博物館の学芸員の給料に関する統計等は一度も見たことがありませんので（恐らくは、ないのでしょう）、断片的な知識からしか言えませんが、私立博物館の学芸員の給料は、世間一般の給料よりだいぶ安いようです。特に、最近は、どこでも私立博物館の経営は苦しいので、まともな給料をもらうことはほとんど期待できないでしょう。会社名や創業者の名前を冠した博物館・美術館でも、会社とは組織が別で職種も違うので、その会社の社員の給料とは全く異なります。

次に、公立博物館ですが、地方公務員（ここでは、東京都特別区の場合）一般職の給料表には、行政職（一）、業務職〈自動車運転、ボイラー技師、調理等〉、医療職（一）〈医師、歯科医師〉、医療職（二）〈栄養士、検査技師等〉、医療職（三）〈保健師、看護師等〉、教育職があります。給料表により、初任給は違い、毎年の昇給金額も異なります。医療職など、民間の給料が高い職種は、役所の給与も高くなっています。

公立博物館の学芸員は、その多くが一般行政職の給料表が適用されています。平成5年（一九九三）に日本博物館協会が行った博物館学芸員に関する調査によれば、回答のあった515博物館のうち、407館、70・0%で行政職給料表を適用しています。研究職給料表を適用しているのは57館、11・1%にすぎません。技術職給料表を適用しているのは20館、3・9%、教育職を適用しているのは16館、3・1%です。これをさらに設置者別に見ると、行政職を適用している館は、区・市立、町村立では90%以上を占め、県立、政令指定都市立では、51・5%となっています。研究職給料表は、県立、指定都市立では31・5%になっているのに対し、区・市立館では1・2%、町村立では1・9%にしかすぎません。教育職給料表は、県立、指定都市立館で7・9%に対し、区・市立1・2%、町村立では1館もありませんでした。およそ10年前の調査ですが、現在もほとんど変らないと思います。

行政職の給料表が適用される学芸員は、教育職の給料表が適用される教員に比べ、給与面では不利になっています。

田中角栄が首相だった昭和49年（一九七四）2月、「学校教育の水準の維持向上のための義務教育諸学校の教育職員の人材確保に関する特別措置法」（一般には、「教育人材確保法」とよばれています）が公布・施行されました。この法律の目的は、第1条に記されています。

第一条　この法律は、学校教育が次代をになう青少年の人間形成の基本をなすものであることにかんがみ、義務教育諸学校の教育職員の給与について特別の措置を定めることにより、すぐれた人材を確保し、もつて学校教育の水準の維持向上に資することを目的とする。

つまり、教員の給与を上げることにより優れた人材を確保し、学校教育の水準を向上させようとするものです。

第3条には、優遇措置として、次のように定められています。

第三条　義務教育諸学校の教育職員の給与については、一般の公務員の給与水準に比較して必要な優遇措置が講じられなければならない。

このように、一般公務員の給与水準より高くすべきであると明記され、実際にも一般公務員よりも約5％給与は高くなっています。神奈川県では、一般行政職の初任給が195，140円であるのに対して、教育職は217，800円です（平成16年4月現在）。

さらに、学芸員は大学院修了者が多く、また、他の博物館で学芸員の経験を持つ人も多いのですが、これも給与面では不利になります。ある県では、採用時、大学院修士課程については経験年数10割で換算しますが、博士課程については、経歴の空白期間とみなされるので、博士課程修了者は、給与面では、大変不利になります。

一般的に、行政職の公務員は、学校（高校、大学）を卒業してすぐに就職することを前提にして給与体系が作られているので、大学卒業後、大学院で学んだり、私立博物館の学芸員を経験して公立博物館の学芸員に採用された場合、スタート時点から不利になっています。公務員は、毎年昇給があり、初任給が安くても、年数が経つに従い、給料が上がって行きます。役所に入る前に何か仕事に就いていると、職種・年数などにより、初任給に上乗せされます。しかし、大学院を修了しても、多くの自治体では、経験年数は5〜8割にしか換算されません（私は、大学の非常勤講師をしていたのですが、週に1日しか教えに行っていなかったので、世田谷区採用時、人事課の担当者から、「週1日では勤務と認められない」と言われ、換算はゼロでした。週1日の大学の非常勤講師が勤務にならないと言われ、正直言ってショックでした。その週1日の講義の準備に、少なくとも週数日は費やしていましたから）。留年、オーバードクターとなると、換算はゼロです（私は、オーバードクターを経験しました）。

学芸員は、昇任の面でも不利になります。東京都の特別区（23区）では、大卒で役所に入って7年で主任試験受験資格を得、主任5年で係長試験の受験資格を得ます。大学院を出て、何か別の仕事に就き、30歳前後で学芸員になると、40歳前後で主任、40歳代半ばで係長、というのが一般的でしょう。しかも、その昇任試験が、事務職と同じものなので、これまた学芸員には不利になります。課長や部長になるのは、ほぼ不可能です。そして役所では、基本的に、昇進しなければ昇給額が少ない仕組みになっています。

ある学芸員（大学院を修了していました）が、同じ博物館にいる、同年齢の高卒の事務職員が、自分より高い給料をもらっていることをたまたま知って、大変なショックを受けたという話を聞いたことがありました。大学院修了の学芸員が、同じ年齢の高卒の事務職員より安い給料しかもらっていないことは、珍しくありません。

大学、大学院と長い間授業料を払って勉強して、専門職である学芸員の職を得て、働いてみれば、高卒の同じ年の事務職員より給料が安かったとします。その事務職員は、高校卒業後すぐに働き、それまでに給料・ボーナスをもらっていて、この先も学芸員より多い給料をもらい続ければ、定年になるまでにもらう賃金総額の差はかなりなものになるでしょう。また退職金は、①退職時の給料月額、②勤続期間、③退職事由（定年退職か普通退職かなど）により決まるので、退職金の額も差がつきます。また、勤務年数が短いと、将来の年金受取額も少なくなります。

既に述べたように、ほとんどの学芸員は、授業料を払って大学院で学び、ときに海外留学して勉強してきました。このような自身に対する先行投資を行っても、その見返りがありません。

給料以外の点でも、学芸員の処遇は良くありません。大学、大学院で奨学金を受けていた場合、ほとんどの学芸員には返還の免除がありません。学芸員は専門職とされながらも、教員と違い、行政職として位置付けられているため、返還免除になりません。安い給料のなかから毎年返還してゆくのです。ほかに、ほとんどの学芸員には、科学研究費補助金を申請する代表者となる資格がありません。その資格を得るためには、所属機関が文部科学省学術研究助成課に書類申請し、その資格を有する研究機関として認定を受ける必要があります。このほか、学芸員の処遇の悪さについては、枚挙に遑がありません。

近年、地方公共団体の出資金を主な財源とした財団法人が運営する公立博物館が増えてきました。

このような博物館では、事務職員は役所からの派遣・出向（公務員身分を保持）、学芸員は財団職員であることが多いようです。財団職員は、多くの場合自治体職員と同じ給料表を適用され、公務員に準じた給料をもらいますが、手当や福利厚生面で公務員より不利な扱いを受けます。昇進については、自治体職員に準じた制度が設けられているところが多いのですが、公務員よりも有利になることはありません。同じ公立博物館に勤めながらも、あらゆる面で、公務員である事務職員よりも処遇は良くありません。

給与などの面だけからみると、学芸員はそれほど良い職業ではありません。もし、学芸員になるのなら、給与面では恵まれないことを覚悟したほうが良いでしょう。井出洋一郎氏は、学芸員は家柄のよい、生活に困らない人がなるべきで、一種の名誉職、聖職だと言い切れる心と財布のゆとりが必要である、と述べています。

このように、学芸員の処遇が悪いにもかかわらず、学芸員の職を希望する学生は多く、また、学芸員を辞めて他の職に就く同業者は、それほど多くありません（私の知る限り、給与に不満があって辞めた学芸員は一人もいません）。もし、学芸員が、給料が安いといって次々に辞めてゆき、また、新たに学芸員の職を希望する若者が少なくなれば、地方自治体ではこれを深刻な問題として受け止め、学芸員の処遇を改善するでしょう。しかし、現実には、一人の学芸員募集に対し、40〜50人の応募があるため、行政当局は、一向に改善する様子はありません。

既に述べたように、私も、昔、世田谷区美術館建設準備室に入って間もない頃、上司である事務職の課長（管理職）から、「辞めたければいつ辞めても結構だ。学芸員になりたいのはいっぱいいる。替わりはいくらでもいる。」と言われたことがありますが、このような強気の発言がまかり通るのも、悪い処遇にもかかわらず、学芸員志望者が断りきれないほどたくさんいるからでしょう。

このような処遇の悪さにもかかわらず、博物館を辞める学芸員はほとんどなく、また、学芸員の職を得たい人が多いのは、学芸員の仕事がよほど魅力あるものだからでしょうか。

＊日比野秀男「社会人としての美術館学芸員」（『美術館学芸員という仕事』所収、1994年、ぺりかん社）
＊日本博物館協会「学芸員等実態調査報告Ｉ」（『博物館研究』325号、1995年）
＊桜井邦夫「公立直営博物館と公立財団運営博物館・直営の場合」（湯本豪一編『続　美術館・博物館は「いま」』所収、1996年、日外アソシエーツ）
＊那須孝悌「学芸員の地位向上と処遇改善」（『博物館研究』377号、1999年）
＊井出洋一郎「美術館の組織と学芸員」（『新版・美術館学入門』所収、2004年、明星大学出版部）

Q エデュケーターとは何をする人ですか？

最近、新しくできた博物館・美術館でエデュケーターが配置されたと聞きました。エデュケーターって、あまり聞いたことがありませんが、どういうことをする人なのですか。

A──エデュケーター（educator）とは、education と curator からの造語で、教育学芸員といえばよいのでしょうか。欧米の博物館・美術館で、教育プログラムの企画や実施を担当する専門職員です。キュレーター（curator）と呼ばれる人々が、博物館資料についての研究をする人であるとすれば、エデュケーターは、博物館での学び、そして利用者（潜在的利用者も含む）についての研究をする人ともいえます。

エデュケーターが活躍し、高い評価を得ているのは、アメリカの博物館です。現在では、〝エデュケーター〟と言う呼び名を、正式に〝キュレーター・オブ・エデュケーション〟と変え、職務権限的にも専門学芸員とほぼ同等で、キューレーターと伍して展覧会の企画もできる博物館もあります。そこで求められるのは、教育プログラムを開発するだけでなく、観客とミュージアムの間に立って、スタッフも含め、お互いがハッピーになれるように気を配り、館の最前線で潤滑油の働きをすることです。

日本の博物館では、これまで、教育普及担当というと、学校との橋渡しの役割をするために教員が3〜6年博物館に派遣されて、博物館の教育普及活動を担当することが多かったように思います。派遣された教員は、学校との連絡調整では力を発揮することができても、博物館の教育普及の専門職としては、必ずしも十分ではありません。何よりも、3～6年で教育現場に戻ってしまうので、博物館の専門職員となるのは難しいといえましょう。また、学芸課を学芸係と教育普及係に別け、くじ引きをして、ハズレくじを引いた学芸員が3年間教育普及係に配属され、教育普及事業を担当する博物館もあったそうです。いずれの場合も、今日の博物館が置かれた状況に対応できません。それで、近年、日本でも、博物館・美術館にエデュケーターが配属されるようになりました。

二〇〇二年9月に開館した林原自然科学博物館ダイノソアファクトリーでは、恐竜の化石発掘を体験できる展示を解説するため、私立博物館では初めてエデュケーター6人を館内に配置しました。この館では、数人のエデュケーターが来館者の疑問や質問にいつでも答えられる体制を整えています。また、エデュケーターは、このような教育普及に携わるだけでなく、開館の準備段階から展示開発の専門家として、展示プランの作成に携わりました。

神奈川県立近代美術館・葉山館では、エデュケーターを配置して、子供向けのテキストを作り、地元の小・中学校と共同授業をしています。千葉市美術館も、二〇〇三年7月、エデュケーターの役割を果たす専門担当者を採用しました。二〇〇五年秋に開館する九州国立博物館でも、エデュケーターを配置する予定です。六本木の森美術館でも、研修を行い、エデュケーターを養成しています。国立西洋美術館では、10年ほど前から教育普及・広報担当が置かれ、これまであまりなされてこなかった教育普及活動が盛んに行われるようになりました。

エデュケーターが誕生している背景には、学校の週5日制、総合学習の開始、生涯学習意欲の高まりがあり、博物館・美術館に学習拠点の役割を期待する声が地域社会で強まっていることがあります。

しかし、エデュケーターが配置されているのは、多くは新設の博物館・美術館であり、ほとんどの博物館・美術館は予算削減を迫られ、欠員の補充さえ行われていない館もあります。このような状況の中で、エデュケーターの配置を望むのは、現実には難しいでしょう。

また、エデュケーター志望者の側にも問題があると感じます。10年以上前にすでに見られた現象ですが、美術館で教育普及活動を担当したいという若い女性が多数出現しました。美術館団体主催の学芸員研修や研究会などで、教育普及活動をテーマにすると、参加者のなかに学生、しかも女子学生が多数見られるようになりました。教育普及活動を目指す熱心な学生が増えることは歓迎すべきことで、美術館の教育普及活動が世間一般から注目されて、将来への明るい見通しができたと喜んでいたのですが、実際には少し違っていました。彼女ら、彼らと話す機会を持ち、また、美術館の教育普及活動でリーダー的な存在となっている学芸員の話を聞くと、これは単純には喜べないことが分かってきました。彼女ら、彼らのエデュケーター志望動機は、次のようなものと推測できるでしょう。

学芸員志望者は多数いるにもかかわらず、採用人数は少ない。でも、私は、どうしても美術館の学芸員になりたい。美術館活動の花形である展覧会を担当する学芸員になるには、美術史をきちんと勉強し、高度な専門知識がなければならないらしい。海外展を担当するには、外国語もできなければならない。何だかとても難しそう。しかも、展覧会を見ても、どうやったらできるのか、さっぱり分からない。とても、自分にはできそうもない。

その点、教育普及なら子供たち相手だから、自分にもできそうだ。学校の先生の仕事に似ているけれど、それより面白そう。展覧会だと、何回見ても、学芸員の仕事の内容がわからないけれど、教育普及活動は、何度か見学させてもらったので、何をするか大体分かる。日本語しか使わないので、英語がダメでも大丈夫。これなら、自分にもできそう。しかも、最近、美術館は、どこも教育普及活動に力を入れていて、エデュケーターを採用しているので、美術館で働けるチャンスはある。

この推測が、見当外れのものであれば、むしろ安心なのですが、いくつかの証言を合わせ考えれば、大筋このとおりのようです。

日本の博物館・美術館で本格的に教育普及活動が行われ、注目されるようになったのは、せいぜいここ20年ほどのことです。明確な方法論も持たず、実験的に行い、経験を積んで改良を加えてここまで到達した、というのが実態のように思います。それでも多くの実績をあげ、多くの人々を満足させ、高く評価されました。ある意味、幸福な時代だったのです。しかし、今、これまでと同じ教育普及活動をしていては、社会の要求に応えられなくなってきました。

教育普及＝子供向け、というのは、次第に過去のものになりつつあります。言うまでもなく、少子高齢化が進み、すでに博物館来館者に占める高齢者の割合が高いのですが、今後はますます高齢者が増加することが予測されます。それに伴い、博物館は高齢者向けの教育普及活動の実施が求められてくるでしょう。『博物館研究』平成16年5月号で、「博物館における高齢者学習支援」特集が組まれたのも、その動きの一つの表れと言えましょう。子供相手に比べ、社会経験豊かな人たち相手では、誤魔化しはききません。高齢者の扱いは、子供とは比較にならないくらい面倒で手間ひまがかかります。

また、学校側では総合学習が取り入れられ、その学習の場として博物館が考えられています。空いた時間に博物館へ来るのとは違います。これまでと同じ事をしていたのでは、学校側の要求に応えることはできないでしょう。教育普及活動も厳しくなってきています。安易に博物館・美術館のエデュケーターになろうと考えないほうがよいでしょう。

では、博物館・美術館では、今後、どのような教育普及活動をしてゆけばよいのでしょうか。それが、なかなか分からないので、みな苦労して頭を悩ませているのです。

＊毛利伊知郎「新しい美術館教育を目指して・美術館と子供たち」（日比野秀男編著『美術館学芸員という仕事』所収、１９９４年、ぺりかん社）
＊喜多村明里「美術館教育活動の展望と課題」（並木誠士ほか編『現代美術館学』所収、１９９８年、昭和堂）
＊寺島洋子・日比野秀男「教育普及」（日比野秀男編著『美術館と語る』所収、１９９９年、ぺりかん社）
＊井島真知、碇京子、雨宮千嘉「ミュージアム・エデュケーターのお仕事」（『月刊ミュゼ』No.42、２０００年）
＊中川志郎「博物館と学校～博学融合への取り組み～」、長島雄一「博物館と学校～出前授業の実践から～」（『ミュージアム・データ』No.52、２００１年）
＊高田浩二「博学連携が博物館を活性化する」（『博物館研究』４１７号、２００３年）
＊浜部貴司「エデュケーター配置広がる」（日本経済新聞２００３年８月２日）
＊三木美裕『キュレイターからの手紙』（２００４年、アム・プロモーション）

Q 博物館実習で注意すべきことは何ですか？

今度の夏休みに博物館実習をします。どんなことをするか分からず不安です。博物館実習では、どのようなことをするのでしょうか。また、博物館実習をする際どのようなことに注意したらよいのでしょうか。それと、事前にどのようなことをしておけばよいのでしょうか。

A──博物館施設で行う実習は、学芸員資格取得の最後のハードルで、これを越えれば、ほぼ間違いなく学芸員資格を取れます。それだけに、実習を受けるほとんどの学生にとっては、初めて社会へ出るに等しく、失敗できないという思いがあり緊張することでしょう。

かつては、博物館実習へ行く学生に対しては、「普通にしていればよい」、「特別なことはいらない。普段どおりでよい」と言っていたのですが、最近では、別の言い方をするようになりました。それというのも、学生たちが、学校の中での生活と同じように、普段どおりにすると、実習先でトラブルを起こす恐れがあるからです。

ある、良妻賢母を育成することで知られていた女子大では、実習へ送り出すさい、学生に事前指導を行っている、ということを聞きました。指導では、お辞儀の仕方、挨拶の仕方など、基本的なマナー、礼儀作法から教える、とのことです。さすがに良妻賢母育成の伝統をもつ女子大だと感心したものです。今の学生たちには、行儀の初歩から教える必要があるのでしょう。

では、博物館実習とは、いったい何なのでしょうか。既に述べた通り、学芸員資格をとるために必要なもので、博物館法施行規則では、博物館実習は3単位（うち1単位は学内での事前及び事後の指導）とされ、それを修得しなければ学芸員資格を取れません。だからといって、資格をとるためにだけ博物館で実習をするのであれば、実習生、博物館双方にとって不幸なことになります。双方にとって、よりよい関係を作るにはどのようにすればよいのでしょうか。そのような立場から、博物館実習について述べてみます。

博物館実習の目的として、次の3つがあげられます。

①博物館に対する理解を深める

博物館実務を経験することにより、博物館活動に対するより深く理解できます。

②学芸員としての専門的知識・技術を取得する

博物館は、豊富な資料をもち、展示室を初めとする施設があります。これらの資料、施設を使い、大学では行うことのできない実務を体験できます。また、博物館の来館者に接することによ り得ることもたくさんあります。

③学芸員の仕事に対する理解や意欲を高める

博物館実習で学芸員から直接指導を受けることにより、現場の仕事を見ることができます。これは、大学の授業では得られないものです。

このように、博物館実習は有益であるにも関わらず、実習生を受け入れる博物館の中には、実習を歓迎しないところもあります。実習を、本来の博物館業務を妨げる〝お荷物〟と考えたり、実習を受け、学芸員資格を取っても学芸員になる学生はほとんどいないので、無駄な仕事だと思うのです。中には、博物館実習の初日に、実習担当者が実習生に対し、そのようなことを言う博物館があると聞いたことがあります。もし、その博物館がそのように考えているのならば、実習生の受け入れを止めるべきでしょう。

博物館実習は、〝博物館とは何か〟、〝学芸員の仕事とは何か〟、ということを理解することができる貴重な機会なのです。実習を博物館の教育普及活動の一つと考えるべきで、より多くの人に博物館を知ってもらう活動と捉えるべきです。学芸員資格をとった学生が、たとえ学芸員にならなくても、博物館の理解者が増えることになるので、将来的には博物館の発展につながるでしょう。今日、博物館が求められているのは、博物館の理解者、支持者を増やし、博物館の社会的な拡大を図ることだと考えています。実習を受けた学生にとっても、博物館実習の体験は将来役立つでしょう。

ここで、私の実習体験を述べてみましょう。

私は、約30年前の夏休み、2週間博物館実習を行いました。大学院に籍を置いていたので、他の実習生より少し歳が上でした。大学院では、週数回しか授業がなかったのですが、実習では週6日、夏の暑い日に博物館へ通いました。それだけでも、慣れない身体には辛かったのを今でも覚えています。

実習で何をしたのかほとんど覚えていませんが、博物館の内部事情は、断片的ですが知ることができました。特に、先輩学芸員から聞いた話は、どのような本にも書いていない、学校でも教えてくれないようなことでした。実習期間中、帰りに何回か学芸員と焼鳥屋で呑んだのですが、その時聞いた話は今でも覚えていて、学芸員という仕事をして行く上で、30年経っても役立っています。その話の内容は、ここに書けないようなことですが、長い間学芸員を勤めていれば、当然分かっているようなことです。仕事をして行く上で本当に必要な知識というものは、本を読んで知るものでも、学校で教えてくれるものでもないのでは、と思ったものです。当時、社会経験のあまりなかった私にはとても新鮮に聞こえました。

このように、博物館実習では、他では得られない貴重な知識を得、体験することができます。ただ、それも実習生の心がけ次第というところがあります。資格をとればよいのだと、漫然と言われたことだけを指示どおりにしていたのでは、2週間実習をしても、あまり身につかないでしょう。せっかく与えられた機会ですから、あらゆることを吸収してほしいと思います。繰り返して言いますが、博物館内部を見ることなどめったにありません。また、見るべきものは、〝物〟だけではありません。〝人〟も見るべきです。実習中接するのは、ほとんど学芸員ですが、その学芸員と事務職員との関係、監視員、ガードマンなどとの関係など、よく観察してください。

ついで、実習のさい注意すべき点についていくつか記します。

まず、絶対遅刻をしないようにしてください。大学では、学生はある意味〝お客さん〟ですから、多少の遅刻は大目に見てもらえるでしょう。博物館実習では、原則的に遅刻は許されないものと考えてください。学生がどのような心構えで実習に来ているか、本当のところは、博物館の人たちには分かりません。一応、建前として、実習生は真剣に取り組んでいるとみなします。そのようなときに遅刻をすると、大変印象を悪くします。やる気がない、と思われることもあります。遅刻は誰の目にも明瞭に分かるので、大きな減点になると考えてください。

就職活動、試験、病気、ケガなどで実習期間中、欠席、早退せざるを得ないこともあります。そのような場合、可能な限り早く、実習担当者に伝える必要があります。それに対する対応は、博物館によってさまざまです。

服装については、実習生自身も迷うことでしょうが、博物館により考え方は異なります。私が実習担当のときは、実習を受ける学生に、「普段学校へ行っているときと同じような服装でよい」、と言っていました。これも、今では、通用しなくなっています。茶髪程度は今ではさほど問題になることはありませんが、爪を長く伸ばして彩色したり、装飾品をジャラジャラさせて通学している学生を見ると、「その格好で博物館実習に来られたら困るなあ」、と思うことがあります。あまり飾り立てない、簡素な服装が良いでしょう。博物館実習は、夏休み中に行われることが多いのですが、夏だからといって、サンダルに素足というのも感心しません。高いヒールの靴も、足元が不安定になるので、止めたほうが良いでしょう。

博物館によっては、初日と最終日は正装、それ以外の日は作業用の服装、と指示するところがあります。実習として来館者に解説することもありますので、指示のない場合、分からない時は実習担当者に聞いたほうがよいでしょう。

講義中は、居眠りをしてはいけません。暑い夏休み中、慣れない生活で疲れもたまり、講義中眠くなるのも分かりますが、受け入れる側としては、話をしている時に寝られると、気力が萎えます（眠くなるような退屈な話をするほうにも問題があるのかもしれませんが）。実習期間中は見たいテレビ番組があっても我慢して、早めに寝るようにして、講義中寝ないようにしてください。

大学では、教室でペットボトルなど飲み物を机の上に置いて講義を受けている学生を時々見かけますが、実習中は止めたほうが良いでしょう。大学の先生たちは慣れて何とも思いませんが、博物館では非常識な行為とみなされることが多いでしょう。携帯電話の電源も切っておきましょう。

実習では作品の取り扱いを行うことがあります。学内実習で土器、陶器、軸、巻子などの作品取り扱いをする大学もありますが、一切しない大学もあります。事前に大学内の実習で作品の取り扱いをすべきでしょうが、現状では、博物館実習で初めて作品の取り扱いをするのも、やむを得ないでしょう。その際、あらかじめ実習担当者にその旨伝えたほうが良いでしょう。

実習を行う前に、実習する博物館についてよく調べておくことです。博物館へ実習を申し込む前に充分調べておくべきでしょうが、少なくとも実習前には、博物館の沿革、設立の目的、活動などについて知っておかねばなりません。また、事前に一度は博物館を訪れるべきでしょう。実習する博物館についてよく知らず、しかも、実習前に博物館へ行ったことがなかったので、実習初日、路に迷って遅刻した、という実習生がいました。短い実習期間ですので、可能な限り事前に調べておいたほうが、より充実した実習となり、得られるものも多いでしょう。

最後に、実習に来た学生諸氏に対して感じたことを記します。実習生諸氏と接していていつも思うのは、行動が緩慢なことです。学校では、物事がゆっくりと進んで行きます。学生には、時間がたっぷりあります。大学を卒業して就職したほとんどの人が、時間に余裕のあった学生時代にもっと勉強しておけばよかった、と言います。仕事をもってからでは、そうそうゆっくりと勉強もしていられません。現役の学生諸君には信じられないかもしれませんが、卒業したら仕事に追われ、時間はいくらあっても足りません。学生たちは、時間に余裕があるせいか、のんびりしていて、ゆっくり歩きます。概して行動も緩慢です。実習生や館内見学に訪れた学生を連れて館内を案内すると、学生たちがゆっくりと歩いているので、時にイライラさせられることがあります。限られた時間の中で、バックヤードを含めて、可能な限り多くの施設を案内、説明しようとしている時、のんびり歩かれたのでは説明するほうも困ることがあります。学生諸君にしてみれば、普段どおりのペースで行動しているのでしょうが、実習期間中は迅速に行動するよう心がけるべきです。大学院を修了し、美術館の学芸員になった人の話ですが、学芸員になって最も戸惑ったことは、スピードの違いだと言っていました。初めの頃は、美術館のスピードについて行くのに苦労したそうです。長年馴染んできた行動のペースを変えるのは容易ではありませんが、博物館は学校と違うので、実習期間中は博物館のペースで行動してもらいたいものです。

博物館実習という与えられた学習の機会ですから、その期間に充分学んでほしいと願っています。

*長谷川孝徳「博物館実習と学芸員養成について」(『石川県立歴史博物館紀要』第7号、1994年)
*清水久夫「世田谷美術館の博物館実習について」(『博物館研究』382号、2000年)
*大堀哲、宗像盛久、高橋直裕、古谷田明良、藤森文臣「博物館における実習」(大堀哲編『博物館学シリーズ6・博物館実習』所収、2000年、樹村房)
*深川雅文「博物館実習に向けて」(『学芸員になるには』所収、2002年、ぺりかん社)
*清水久夫「教育普及活動としての博物館実習」(『世田谷美術館紀要』第7号、2004年)
*望月一樹「実習生を迎え入れて」、大倉潤「博物館実習を覗く」、藤岡隆二「動物園における博物館実習の受け入れ」(神奈川県博物館協会編『学芸員の仕事』所収、2005年、岩田書院)
*粕谷崇「博物館実習の課題と今後の方向性」(『ミュージアム多摩・特集　博物館実習』26号、2005年)

Q 学芸員資格を取れば、博物館でプロとして通用しますか？

大学で、学芸員資格科目の授業を受けています。しかし、科目数は少なく、内容も概説的です。この程度の授業を受けて、学芸員資格をもらってよいのでしょうか。これで博物館に勤めたとき、一人前の学芸員としてやって行けるものでしょうか。フランスやアメリカでは、学芸スタッフになるには、かなり高度な勉強をすると聞いています。これで、将来学芸員になったときのことを考えると不安になります。

A 博物館学芸員は〝国家資格〟ですから、大学で必要な単位を取り、学芸員資格を取得すれば学芸員となることが認められます。学芸員となることが認められるのであれば、学芸員としての能力が認められ、学芸員として仕事をやって行ける、と。そう考えるのも無理のないことです。よく正体の分からない、民間の機関が与えるものでなく、学芸員資格は〝国家資格〟なのですから。

「博物館法施行規則」に定められている、大学で博物館学芸員資格取得に必要な博物館に関する科目と単位は、次のとおりです。

生涯学習概論／1単位、博物館概論／2単位、博物館経営論／1単位、博物館資料論／2単位、博物館情報論／1単位、博物館実習／3単位、視聴覚教育メディア論／1単位、教育学概論／1単位

大学でこれらの授業に出席し、博物館実習を受ければ、大学卒業と同時に、博物館学芸員の資格をもらえます。

結論を言えば、学芸員資格取得のための科目程度では、学芸員として仕事をしていくには不充分です。多くは、学芸員として採用された後、実地で仕事をしながら勉強して、学芸員として一人前になっていくのです。したがって、学芸員として採用された後、勉強しない、あるいは勉強する機会が与えられなかった学芸員は、現役の学芸員として博物館で仕事をしているにもかかわらず、一人前の学芸員になれないこともあります。

大学で博物館に関する科目さえ修得すれば、学芸員としての職務に必要な知識、技術が得られるものと受け取っている学生諸君がいるのですが、大学に置かれている科目程度では、一般論について理解する程度のことしかできないでしょう。法学部を卒業したからと言って、それですぐに法律の専門家として通用することがないのと同じです。採用する博物館でも、実情を充分承知していて、新人学芸員が一人前の仕事をすることを期待していませんので、何も心配することはありません。

このように、大学が安易に学芸員資格を与え、有資格者を乱発してよいのか、という批判があります。博物館法の改定による学芸員の養成制度の見直しもいろいろ提案されてきましたが、早急に現実化する見通しはありません。平成9年4月より、「大学において修得すべき博物館に関する科目の単位」が、10単位から12単位に増えたのみで、この程度では〝改革〟とはほど遠いでしょう。

学芸員養成制度の改善についての主な提案を挙げると、大学における養成内容の改善・充実、学芸員資格への専門分野の付記、学芸員養成大学院の設置、上級学芸員資格の創設などです。将来的には、フランスのエコール・ド・ルーブルのような機関の設置や、アメリカのような大学院の博物館学講座の充実やインターン制度の創設などが望ましく、それにより、高レベルの学芸員の輩出が期待できます。

しかし、今日置かれている博物館の状況を見ていると、これらの案は、あまりにも現実離れしているように思えます。今の日本の博物館に、このように高度で専門的な知識、技術をもつ学芸員が求められているのでしょうか。国も地方公共団体も博物館を劣悪な環境のもとに放置し、博物館の充実について何も考えていません。学芸員養成制度の改善を考えるよりも前に、あるいは、それと並行して、博物館の充実、改善を行う必要があると思います。

言うまでもなく、今日の大学での学芸員養成制度には問題が多いことは確かです。しかし、広く浅くではあっても、博物館と学芸員、博物館資料の調査について、展示や教育普及事業、博物館の現代的課題などについて学ぶことができます。博物館に関して学ぶことができる講座が大学に置かれ、関心のある学生が受講できることは意義のあることです。大学での授業は、「博物館学入門講座」と考えればよいのです。学芸員資格取得者は、博物館について学んでいます。博物館の理解者です。学芸員資格を持つ人が一人でも増えることは、将来博物館の発展につながるものと考えています。

＊長谷川孝徳「博物館実習と学芸員養成について」（石川県立歴史博物館紀要第7号、１９９４年）
＊大島清次「日本の美術館行政をめぐって」（『美術館とは何か』所収、１９９５年、青英舎）
＊島津晴久「人の養成と活用」（大堀哲ほか編『ミュージアム・マネージメント』所収、１９９６年、東京堂出版）
＊水嶋英治『ミュージアムスタディガイド』（２００2年、アム・プロモーション）
＊両角芳郎「学芸員資格と学芸員の専門性」（『博物館研究』４３9号、２００4年）

Ⅶ章 資料・作品

Q&A

この章では、美術館の所蔵資料・作品について論じました。

美術館の作品収集は、美術館の重要な事業の一つであるにもかかわらず、博物館学の授業であまり触れられていません。主に、私が経験したことをもとにして答えました。また、作品収集委員会について、作品の寄贈について答えました。

最近、作品の修復については知られるようになってきましたが、誰が美術館の作品を修復するかはあまり知られていないようです。美術館所蔵作品の修復について答えました。

また、日本画と洋画の違いなど、初歩的なことも多くの学生には分からないようです。一部の学生にとっては分かりきったことかもしれませんが、答えました。

意外だったのは、額縁に関する質問でした。美術館に勤めていた経験から答えましたが、ほかの美術館ではどのようにしているのでしょうか。

Q 美術館ではどのようにして作品を収集するのですか？

美術館では、どのようにして作品を収集しているのですか。また、美術館にはそれぞれ収集方針があると聞きましたが、それはどのようなものですか。

A ―作品の収集は、美術館活動の基本的なものの一つです。優れたコレクションをもつ館は高い評価を受け、充実した常設展を行えるとともに、コレクションをもとにした良質の企画展を開くことができます。私立美術館は、まずコレクションがあり、それを展示する施設として美術館を造るというのがほとんどです。しかも、作品の収集には、美術館によりそれぞれ事情が異なり、一般化できないので、ここでは、公立美術館の作品収集について述べることにします。

作品収集には、①購入　②寄贈　③寄託　④移管の四つの方法があります。

購入、寄贈については、説明の要がないでしょう。寄託は、個人、会社、団体が所有している作品を美術館が預かることです。寄託されている作品は、保管・取り扱いは館所蔵作品とほぼ同じ扱いをされ、常設展示などに展示することができます。

移管は、美術館を設立している自治体が所有・管理している作品を美術館の所蔵作品にすることです。世田谷美術館の場合でいうと、世田谷区役所が区の施設などに展示するために所蔵している作品を美術館の所蔵作品にすることです。

美術館の収蔵作品にするためには、美術の専門家で構成される収集委員会の審査を通らねばなりません。そこでは、収集方針への適合性、真贋の鑑定、学問的評価、価格の評定等について審議され、県知事、市長、区長へ答申されます。

欧米の美術館が、まとまったコレクションを前提にして建設されるのに対し、日本のほとんどの公立美術館は、コレクションが全くないところからスタートします。一九五〇年代〜七〇年代に開館した公立美術館のほとんどは、神奈川県立近代美術館や栃木県立美術館のように、所蔵作品が全く無いか、あってもごくわずかしかない状態で開館しました。しかし、昭和53年（一九八八）に開館した山梨県立美術館が、バルビゾン派の巨匠ミレーの作品を購入して、それを目玉にして開館し、多くの観客を集めるのに成功しました。それをきっかけに、それ以降開館した公立美術館の多くは、開館前の準備段階に可能な限り多くの購入予算をつぎ込んで、より多くの優れた作品の取得に努めました。

収集方針は、当然ながら、作品収集を開始する段階で決めるわけですが、多くの公立美術館では、そのときには、まだ館長（あるいは、将来館長になるべき人）が決まらず、学芸スタッフも質量ともに不充分です。その段階で収集方針を決めざるをえませんが、館長が就任し、館運営が軌道に乗った後、若干の変更が出ることもあります。

世田谷美術館では、開館の4年ほど前に収集方針が定められました。

（1）近代・現代美術において、すでに高い評価のある作品、または当該作者の作品
（2）世田谷区と関係の深い芸術家の優れた作品
（3）戦後の日本美術の流れの体系的な把握と、近代・現代美術の形成の考察に必要な作品
（4）美術展覧会等において特に優れていると認められた作品、または当該作者の作品

（5） 美術教育の教材として、特に必要と認められるもの
（6） その他、本美術館の収蔵品としてふさわしい美術資料作品及び二次資料

岐阜県美術館の収集の基本方針を見てみましょう。これは、岐阜県美術館美術品収集委員会での審議を経て策定されたものです。

a 近・現代における日本画、洋画、彫刻、工芸の芸術的価値の高い作品
b 岐阜県にゆかりのある作家の代表的なもの、およびその作家の創作のねらいや過程などを示す資料
c 日本美術の流れを展望するにふさわしい作品
d 世界の美術動向のなかで。とくに創造性に秀でた作家の作品

世田谷美術館では、「（2）世田谷区と関係の深い芸術家」、岐阜県美術館では、「b 岐阜県にゆかりのある作家」との違いを除くと、両者にそれほど大きな差異はないように思えます。ついで、広島県立美術館美術品等収集基本方針を見てみましょう。

1 本県ゆかりの作家の美術品等については、次項に準拠しつつ、各作家ごとの体系的なコレクションの形成につとめる。
2 次に掲げる美術品等の収集に主眼を置き、日本美術の特質を味わうことのできる体系的なコレク

ションの形成につとめる。

（1）近・現代作家の特色ある美術作品

近代から現代にいたる絵画等の平面・立体造形作品のうち、時代の特徴と制作意図の明確な作品。

（2）近代の工芸作品

わが国工芸の特色を示す陶芸、染織、漆芸、金工等のうち、主として近代以降に制作された作品。

（3）近代の彫塑作品

近代以降のわが国の彫塑界で特に重要と認められる作家の作品。

（4）その他の美術作品

上記（1）～（3）に掲げる美術作品のほか、美術館において収蔵するにふさわしいと認められる美術工芸作品。

（中略）

3　その他、美術館において収蔵するにふさわしい東洋・西洋の美術品等を収集する。

広島県立美術館は、世田谷美術館、岐阜県美術館と多少異なっています。その特徴は、まず第一に、広島県ゆかりの作家に重点が置かれていることです。第1項に、「各作家ごとの体系的なコレクションの形成につとめる。」と記されています。第二に、日本美術が中心になっていることです。第2項に、「日本美術の特質を味わうことのできる体系的なコレクションの形成につとめる。」と記されています。収集基本方針を読む限り海外作品には重きが置かれず、「美術館において所蔵するにふさわしい東洋・西洋の美術品等を収蔵する。」と記されているのみです。

すでに述べたように、多くの公立美術館は、準備段階では館長不在で学芸スタッフも不充分なので、他館と同じような収集方針が出されるのもやむを得ないでしょう。

では、具体的には、どのようにして作品は収集されるのでしょうか。

世田谷美術館では、収集方針の決定後、当面の収集活動を

（1）世田谷区在住作家、世田谷区ゆかりの作家の作品
（2）素朴派の作家（アンリ・ルソーほか）およびその影響を受けた作家の作品
（3）美術教育・普及活動に役立つ作品

などに焦点をしぼることになりました。

幸い、世田谷区に昭和8年（一九三三）から住んでいた洋画家の向井潤吉ほかの在住作家多数から、美術館建設のためにと作品の寄贈が相次ぎました。

素朴派の美術作品の収集は、欧米の美術館では見られましたが、当時は、日本の美術界の関心は薄いのが現状でした。新たな問題意識のもとに、世田谷美術館はここに焦点をあてて収集活動を展開しました。その結果、ルソーの油彩画3点を入手することができました。ほかに、アンドレ・ボーシャン、カミーユ・ボンボワ、ルイ・ヴィヴァンなどの作品約100点を収集することができました。

ついで、岐阜県美術館の例を紹介します。

岐阜県美術館が収集をはじめたころ、有名な安宅産業のコレクションのうち、オディロン・ルドンの木炭画9点、版画120点のコレクションが市場に出、同時期に国内の画商からルドンの油彩画やモローの珍しい作品の情報が寄せられました。当時、ルドンやモロー等のフランス象徴主義の作品は、美術史上における重要性にもかかわらず、国内の美術館にはあまり収蔵されていませんでした。この購入のチャンスを生かして、岐阜県美術館の西洋美術の収集の核は「ルドンを柱とする心を描いた画家たち」と定められました。国内の美術に関しては、開館までは購入よりも寄贈によって多くの作品が収蔵されました。「岐阜県ゆかりの作家たち」に関しては、作家本人や遺族から多くの作品が寄贈され、開館当初の収蔵品の大半を占めることになりました。同時に、県内の企業などからも多くの寄贈が寄せられ、開館時点で収蔵作品は619件となりました。

言うまでもなく、作品収集の前提には、学芸員の日常的な調査、研究があります。また、突然、作家の遺族から、作品寄贈の申出があることもありますが、その際にも、学芸員による作品の調査、研究を経た上で受け入れるか否かを決める必要があります。

＊世田谷区企画部企画課『世田谷まちづくりの記録3・世田谷美術館』(1993年、世田谷区)
＊日比野秀男「作品の収集」(『美術館学芸員という仕事』所収、1994年、ぺりかん社)
＊青山訓子「公立美術館のコレクション——岐阜県美術館を例として」(並木誠士ほか編『現代美術館学』所収、1998年、昭和堂)
＊『広島県立美術館平成14年度年報』
＊勅使河原純「美術作品の収集」(『世田谷美術館紀要』第7号、2004年)

＊安村敏信『美術館商売』（２００４年、勉誠出版）

Q 美術館の「収集委員会」とは、何ですか？

美術館には収集委員会があり、そこの審査を通らねば館の収蔵作品にならない、ということを聞きました。収集委員会とは、どのような組織で、どのようなことをするのでしょうか。

A―すべての国公立美術館には、収集委員会が設置されています。作品は収集委員会の審議を経て美術館のコレクションとなるわけですから、収集委員会は社会的な認知を得るための第一歩と言えます。公立美術館では、収集委員会は、条例により設置が定められています。まず、世田谷美術館を例に、条例について述べて行きます。

条例の名称は、「世田谷区立世田谷美術館美術品等収集委員会条例」で、10条からなっています。第1条は、〈設置〉について。「美術品等の収集に関する事務を円滑に行うため、区長の附属機関として世田谷区立世田谷美術館美術品等収集委員会を置く。」と記されています。ここでは、収集委員会は、収集に関する事務を円滑に行うために設置される、という設置目的が示され、区長の附属機関という位置付けがなされています。

第2条は、〈所掌事項〉。「区長の諮問に応じ、美術品等の収集方針への適合性、真贋の鑑定、学問的評価、価格の評定等について審議し、答申する。」とあり、委員会の役割について記されています。

第3条は、〈組織〉。「美術に関する専門知識を有する者のうちから、区長が委嘱する委員10人以内をもって組織する。」現在、世田谷美術館では、委員は6人で、ほぼ全員が美術館館長あるいは館長経験者です。

また、世田谷美術館では、委嘱するのは自治体の首長である区長ですが、教育長、館長が委嘱する美術館もあります。

第4条で委員の任期は2年で、再任を妨げない、と定めています。

つぎに、第8条。「委員の2分の1以上の出席がなければ、会議を開くことができない。」

多忙な館長達を招集し、二分の一以上の出席者を確保することは、担当者としてはかなり困難な仕事です。しかも、日本では概して館長は高齢です。出席を予定しながら、直前に体調をくずし、欠席と言うこともあります。担当者にとっては、収集委員会の審議の内容よりも、二分の一以上の出席者を確保するほうが大変な仕事となることがあります。

他の公立美術館も、ほとんど同内容の条例をもち、それに基づき収集委員会を開き、その審議を経て作品を収蔵しています。

Q 美術館では、作品の寄贈申出を断ることがあるのですか？

最近では、どの美術館も、予算が無くて作品を買えないという話をよく聞きます。それなら、画家や彫刻家から作品を寄贈してもらえばお金もかからなくて、収蔵作品が増えるのでよいと思うのですが、美術館では作品寄贈の申出を断ることが多いそうです。ただでくれるのを断るなんて、もったいない気がします。美術館では、どうして作品の寄贈を断るのですか。

A――美術館が寄贈の申出をすべて受け入れたら、どうなるでしょうか。収蔵庫は、すぐに作品であふれてしまいます。美術館に作品を寄贈したい人はたくさんいます。「ただでくれるなら、もらっておけ」、などと言っていたら、美術館はひどいことになります。

世田谷美術館では、開館前の昭和57年（一九八二）、「美術資料の種類と収集方針」を定めましたが、その中の第Ⅱ章第3項、「購入・委託・寄贈にあたっての留意点」のなかに、次のように記されています。

「寄贈については、特に厳正な審査を行い、公正な判断によって決定する。」

これは、公金支出が伴わない寄贈をとかく安易に受け入れてしまう傾向があることへの戒めと考えられます。

美術館が作品の寄贈を断る理由は、次のようなことです。

第一は、寄贈申出のあった作品の質が悪い時です。美術館コレクションのレベルを保つため、寄贈を断ります。美術館にふさわしくない、誰にも評価されないような作品は、美術館のコレクションにしてはいけません。美術館の評価を下げることになります。

第二は、美術館の収集方針に合わない場合です。美術館には、それぞれ館の収集方針があります。たとえ良い作品であっても、収集方針に合わなければ、コレクションにすることは出来ません。

第三は、作品の寄贈に条件がつけられた場合です。最も多いのは、記念室、特別室を設け、その展示室に寄贈作品を常時展示するように、という条件をつけることです。寄贈作品を展示する記念室、特別室を設けられれば寄贈を受け入れますが、その条件が整えられなければ、たとえ優れた作品であっても断らざるを得ません。

記念室を作れとまでは言わないまでも、展示室内にコーナーを設け、常時10点展示する、あるいは、コーナーを作らなくてもよいが、常に数点の作品を展示する、という条件がつけられることもよくあります。この条件で作品の寄贈を受け入れたため、その後の館運営に支障をきたしている美術館がある、ということを聞いたことがあります。

第四は、寄贈作品がそのままでは展示できず、展示可能な状態にするために多額の経費がかかる場合です。例えば、寄贈を申し出た絵画が傷んでいて、修復するのに1点100万円以上かかり、点数も10点ある、となると、受け入れも慎重になります。財政状況が厳しい今日、財政当局は、修復の予算をそう簡単には出してはくれません。また、彫刻の場合によくあるのですが、石膏の原型を寄贈したい、あるいは、作品を寄贈するが鋳造費用を美術館で負担してほしい、という申出が、作者や遺族からあります。彫刻は、原則的に石膏のままでは展示できませんので、展示するためには鋳造しますが、大作ですとその費用が百万円以上かかります。鋳造費が捻出できず、かといって、石膏のままでは展示できないし、保存も出来ないとなると、寄贈申出を断らざるを得ません。

　このように、美術館は館の収集方針にそって、寄贈の申出に対しきちんと断っているかというと、そうでもありません。どこの館でも、欲しくもない作品を押し付けられて困ったという話をよく聞きます。公立美術館で、有力者が美術館に働きかけてきたため、美術館ではやむを得ず寄贈を受け入れたという内輪話を聞いたこともあります。

　また、20年も前のことですが、行政職出身の館長が、学芸員に断りもなく作家から作品をもらってきてしまったため、学芸員は寄贈に反対したにもかかわらず、作家に作品を返すことが出来ないのでコレクションにしてしまった、という話も聞いたことがあります。

　このような場合多くの美術館は、寄贈を断ってトラブルを起こすよりは、目をつぶって寄贈を受け入れる道を選びます。そのようにして寄贈された作品は、美術館で展示されることはまずありません。他館へ貸し出されることもないでしょう。ですから、美術館にふさわしくない作品がコレクションにあることが観客に知られることはめったにありませんので、それほど心配することはありません。

＊井出洋一郎「作品の収集と研究」（『新版・美術館学入門』所収、２００４年、明星大学出版部）

Q 美術館の作品は誰が修復するのですか？

美術館はたくさんの作品をもっているので、傷んだ作品を修復することも多いと思います。学芸員は、「雑芸員」と呼ばれていて何でもするそうですから、作品の修復も学芸員がするのですか。

A――学芸員が、いくら「雑芸員」と言われる〝何でも屋〟でも、作品の修復をすることはありません。美術館外部の修復家に頼みます。欧米の美術館では、修復のための施設・設備を備え、そこに専門技術をもった館員がいます。しかしほとんどの日本の美術館では、保存・修復の専門家が館内にいないため、貴重な美術館の収蔵作品を館外に持ち出し、外部の修復家に修復を頼むことになるのですが、欧米の美術館関係者には、全く予想もしえない、非常識極まりないことと見えるようです。そのようなことができるのは、日本が平和で、安全な社会であるからです。しかし、喜んでばかりもいられません。作品の保存と修復は、美術館にとって重要な事でありながら、作品修復のための施設・設備を備え、修復家を雇う予算すら組めないのが、日本の美術館の現状です。

それでも、最近は、いくつかの美術館で修復技術をもった、保存・修復専門の学芸員を配置するようになりました。しかし、一館に一人しかいませんので、数多くの作品の修復をすることはできません。ですから、そのような美術館でも、作品の修復は、外部の修復家に委託しています。

修復家の選定にあたっては、充分な修復実績がある技術者を選ぶことが望ましいと言えましょう。ある修復家が言っていたことですが、日本では、修復家には資格も免許も不要なので、誰でも〝修復家〟を名乗ることができます。フランスでは、修復家になるには、学校で専門技術・知識を修得し、資格を得、その後さらに経験を積んで、より高度の資格を得ます。信頼できる国家資格なので、資格取得者であれば、修復家として信頼できます。アメリカでは、フランスのような資格はないものの、修復家になるためには、大学、大学院で作品修復の専門的な勉強をし、修了後、美術館などでインターンを経験しているので、充分な信頼をおけます。日本では、修復家を養成する教育機関が最近できたばかりであり、また、修復家の国家資格がないので、自分たちで修復家を見極めねばなりません。

工房が会社組織であれば、会社の経歴、社員（修復家）の経歴、実績一覧などが記された会社概要が一つの判断材料になります。

また、作品の修復を委託する際、多くは随意契約となります。入札はほとんど不可能か、きわめて困難です。はじめに、作品について入念な調査をして、修復すべきかどうかを判定し、修復が必要であれば、その方針を決定します。この調査により、はじめて〝修復経費見積〟の作成が可能となります。この調査だけでも、作品点数が多いと、数人で分担して作業をしても、2～3日かかることもあります。修復といっても、応急的な処置から大掛かりな処置まで、さまざまですから、どの程度の処置をするかにより、経費は大幅に異なります。ある工房は、美術館から頼まれて、見積のための調査に一週間費やし、修復計画・見積書を提出したのですが、結局のところ、作品の修復を委託されず、一週間の調査が無駄になってしまい、ダメージを受けたことがあると言います。調査を依頼した美術館では、別の修復家にも同様の依頼をし、結局より安い見積書を提出した修復家に委託することに決定したとのこと。修復費を公費から支出する公立美術館としては、2箇所以上から見積をとり、より安いところに委託するのが当然のように見えますが、修復家の立場に立つと、過酷ともいえます。修復家は個人経営が多く、また、会社組織で工房を構えているといってもどこも小規模なので、そのようなことが繰り返されると、経営が成り立たないと嘆いています。館内に、保存・修復専門学芸員がいるところでは、そのようなことはあまり起こらないでしょうが、現状では、多くの美術館で同様のことが起こる恐れがあります。

修復は、傷んだ作品を元通りにきれいに直すことではありません。かつては、車の修理と同様に、壊れた部品を新品に取り替え、傷ついたボディを新しく塗り直すように、美術品を修理したこともありました。しかし、今日では、修復は保存を前提になされるようになりました。修復家は、その作品が今後、別の修復家によってふたたび修復されることを考え、その作品の素材よりもより弱い修復材料を使うのが基本になっています。油彩画の一部が剥落し、補彩の必要がある場合は、油絵具ではなく、水彩絵具やテンペラ絵具を使います。

また、油彩画の洗浄一つとっても、どのように、どこまで洗浄すべきかを巡って、「洗浄論争」が行われています。

修復後は、修復報告書を提出してもらいます。修復報告書は、作品に関する重要なデータであるだけでなく、後に、再び修復する際、最も重要な資料となります。

今後は、欧米のように、日本でも美術館に保存・修復の専門学芸員が配置され、館内に専用の修復室が設けられることが望まれるのですが、経費や職員を削減している現状を見ると、悲観的にならざるを得ません。

＊クヌート・ニコラウス著／黒江信子訳『絵画学入門』（1985年、美術出版社）

＊田中善明「修復する」（並木誠士ほか編『現代美術館学』所収、１９９８年、昭和堂）
＊歌田眞介、日比野秀男「油絵修復の基礎知識」（日比野秀男編著『美術館と語る』所収、１９９９年、ぺりかん社）
＊美術史学会第56回全国大会・シンポジウム『美術と修復』発表要旨（『美術史』第１５５号、２００３年）

Q 日本画と洋画の違いは何ですか？

美術館の展覧会では、多くの場合、絵は日本画と洋画に別けて展示されていますが、どちらも額縁に入っているので、日本画も洋画も同じように見えます。日本画と洋画、どこが違うのですか。

A ―絵画を日本画、洋画というように二つに別けるのは、日本だけに見られる特異なものである、と言われています。美術大学でも、日本画科と洋画科に別れているところが多く見られます。

「日本画」という名称は、明治時代になって、ヨーロッパから西洋の絵画が移入されてから、日本の伝統的な絵画をそれらと区別してよぶようになって生まれたものです。したがって、江戸時代以前には、「日本画」という名称はありませんでした。表現の上では、日本画は概して平面的、装飾的で、洋画は、光と影による立体感の表現に特色がありといえますが、近年では必ずしもそのように区別することが難しくなっています。

これから、日本画と洋画の両者が区別されるようになった歴史と技法・材質の相違について、述べていきます。

［歴史］

明治9年（一八七六）11月6日、工部美術学校が東京・虎ノ門に開校しました。日本最初の官設の美術学校で、イタリアから3人の画家、彫刻家、建築家を教師として招きました。ここでは、「画学」と「彫刻」の2科が設けられていましたが、いずれも西洋の絵画、西洋の彫刻でした。その教師であった画家フォンタネージの弟子の中で最も傑出していたのが、浅井忠でした。しかし、この官立の美術学校も、明治15年（一八八二）末に閉校し、翌1月に廃校となり、短い歴史を終えました。

その後、日本古来美術に対する再評価の気運が急速に高まり、フェノロサが日本美術擁護を説いた講演『美術真説』を発表するなどしたこともあり、洋画は勢いを失ってしまいました。明治20年（一八八七）に創立された東京美術学校では、絵画、彫刻、工芸いずれも日本の伝統的なものに限られ、西洋美術は完全に閉めだされていました。

しかし、そのような状況の中で、明治美術会の画家たち、小山正太郎、浅井忠、松岡寿、山本芳翠、五姓田義松らは、洋画巻き返しのため講演会、展覧会の開催など様々な運動を行いました。

その成果により、明治29年（一九八六）、東京美術学校に新たに洋画科が設置され、黒田清輝がその責任者として招かれました。同年、黒田を中心として白馬会が結成され、日本洋画の新しい歴史が始まりました。

当時、日本画、洋画大小さまざまな団体がありましたが、それら諸団体を統合し、国内の美術界を一つにまとめる官設の展覧会を設置しようという動きが見られました。文部省美術展覧会、通称「文展」開催の動きです。そして、いよいよ明治40年（一九〇七）10月、第一回文展が開催されました。それは、第一部日本画、第二部西洋画、第三部彫刻の3部門に分かれていました。この文展は、必ずしも順調に開かれたわけではありませんが、日本で最初の官設展開設の意義は大きく、その後続く、帝展、新文展、日展と続く日本の官展の歴史の幕開けとなりました。

ここに、日本の美術界のみに見られる、絵画を日本画と洋画に区分することが、官設の展覧会の場で明確にされた、と言えます。それが今日までも続き、多くの美術館収蔵品目録は、絵画を日本画と洋画に分類しています。

［技法・素材］

日本画は洋画など、他の絵画と異なる独特の技法・素材を用いています。

まず、基底材（支持体ともいう）が異なります。基底材（支持体）とは、絵の〝土台〟、〝基礎〟ともいうべきものです。子どもの頃クレヨンで描いた画用紙もその一つです。洋画では、多くの場合、麻布を木枠に張ったカンヴァスを基底材にします。日本画では、和紙や絹布を用います。絵が描かれた和紙、絹布を古くは軸装にし、近年では額装あるいは屏風仕立てにします。和紙や絹布は、カンヴァスに比べて繊細で、温湿度変化や光の影響により傷みやすい素材でできています。

日本画では、顔料（絵に色彩を与えて着色する物質）として、岩絵具を用います。岩絵具は、鉱物を細かく砕いて作ります。この粉のままでは和紙や絹布に定着しませんので、接着のための媒材として、膠が使われます。画家は、岩絵具にお湯で溶かした膠を加え、日本画絵具を作ります。それを、和紙や絹布に筆を用いて描きます。

日本画では、絵の表面が輝き、他の絵画には見ることのできない美しい絵肌をもっています。岩絵具のなかには、宝石として用いられる鉱物もあります。緑青は孔雀石が、群青は藍銅鉱が原料で、これらを砕いて、岩絵具にします。ですから、これらの岩絵具は、ただ見ているだけで美しさに魅了されます。しかし、産出量が少ないためもあり、良い岩絵具はかなり高価です。

この岩絵具を基底材に接着させる溶剤に膠を用いるため、その美しさを生かします。つまり、岩絵具を膠で溶いて描き、それが乾燥すると、膠は岩絵具の粒子と基底材の和紙や絹布を接着する役割をします。絵を見る側からすると、絵の表面に付着している岩絵具の粒子を直接見ることになります。これが、日本画独特の絵肌を作ることになります。

これに対し、洋画（油彩画）では、接着剤の役割をする溶剤の油（ポピーオイルなどの乾性油）は、絵具の粒子と一体となり、カンヴァスに固着します。また、油絵具の粒子は日本画の岩絵具に比べ、ずっと細かいので、油に包み込まれます。したがって、表面に絵具の粒子が露出することなく、画面は堅牢で耐久性があり、何世紀も昔の絵が今でもそのまま残っていることもあります。その上、仕上げ用ワニスを塗ることもあり、更に堅牢で耐久性を持つことになります。洋画家は、絵の表面がホコリやゴミで汚れていると、雑巾で拭きます。表面にひび割れがなければ、絵が傷つくことはありません。それでも、画家が目の前で、無造作に絵の画面を雑巾で拭いているのを見たときには驚きましたが。

日本画は、基底材、画面ともに洋画に比べ脆弱ですから、展示の際は特別な注意が必要です。屏風あるいは額装されていてもガラス（アクリル）のはめられていない作品は、原則として展示ケースの中に入れます。露出展示の場合は、結界を設け、観客が作品に手を触れる事のないようにしなければなりません。照明も、洋画を展示するときよりも照度を落とします。文化庁は、重要文化財を展示する際の照度について指導していますが、それによれば、洋画（油彩画）３００ルクスに対し日本画は、１５０ルクスとなっています。

絵筆で描く時、日本画絵具は顔料を膠溶剤で溶かしたものであるため、粘性がなく、サラサラしています。油絵具は、顔料を油で溶かしているため、粘性があり、ドロッとした感じになります。ある著名な日本画家は、初め油彩画を描いていましたが、日本画を描く時、筆が抵抗感なくサラサラ動く感じが自分にあっていると思い、日本画を描くようになった、と語っています。

ついでに、顔料と溶剤との関係について見ます。既に述べたように、顔料だけでは基底材（紙、布、板など）に固着しませんので、接着剤となる溶剤を用います。同じ顔料を使っても、溶かす溶剤によって異なった絵具ができます。顔料をアラビアゴムの水溶液と混ぜると、水彩絵具になります。顔料を卵黄で溶かすと、テンペラになります。顔料を水溶性の化学物質・アクリルポリマーエマルジョンと練り合わせると、アクリル絵具になります。顔料をロウで固めると、クレヨンになります。墨は、煤煙を膠で固めたものですが、紙に墨汁で書くと、細かな墨の粒子が紙の繊維の間に入り込み、紙の繊維としっかり結合するので、１００年経っても書かれたときと同じような状態を持続します。

＊村田真宏「現代絵画としての日本画」（『日本画と現代』展図録所収、１９８８年、福島県立美術館）
＊高階秀爾『19・20世紀の美術』（《岩波 日本美術の流れ》6、１９３３年、岩波書店）

Q 美術館の絵の額縁は、誰が選ぶのですか？

展覧会を見に行くと、絵がきれいな額縁に入っています。額縁は、形、色など様々ありますが、どのような額縁にするのかを決めるのは誰なのでしょうか。美術館の学芸員が額縁を選ぶのでしょうか。

A―展覧会で絵を鑑賞する時、絵とともに額縁が鑑賞の対象になることもあります。展覧会カタログでは、絵の写真だけ掲載されているので、どのような額縁に入っているのか分かりませんが、展覧会場では、額縁も見ることができます。

額縁は、二つの役割を持っています。一つは、絵を固定し保護することです。もう一つは、絵に美的装飾的な枠を与えることです。

絵を展示するとき、壁面に固定するために額縁は必要です。また、絵を移動させるとき、壁や物、他の絵と接触することがあります。そのようなとき、額縁は絵を衝撃から守ります。

絵を額縁に入れると、同じ作品でも、入れる前に比べ良く見えることがあります。反対に、絵に合わない額縁に入っていると、絵の良さが失われることがあります。額縁は絵の従属品だと言われながら、絵の鑑賞の上では、重要な役割を果たしています。

絵が美術館の所蔵作品とされるとき、多くの場合額装されています。その場合、額縁が傷んでいない限り、取り替えることなくその額縁を使います。額縁に入っていない絵が美術館の収蔵作品になったとき、作家が生存している場合は、作家と相談して額縁を選びます。多くの作家には、その作家の額縁を作る決まった額縁屋がいるので、美術館所蔵作品の額縁を作る際にも、その額縁屋に注文することになります。物故作家の場合も、生前その作家の注文を受けていた額縁屋に頼むことになります。特定の額縁屋に注文することのなかった物故作家の場合、その作家のほかの作品がどのような額縁に入っているかを調べ、その額縁に近いものを選びます。調べる手がかりのない作家の場合は、サンプルを見ながら、絵に相応しい額縁を選びます。

日本では、美術館の収蔵作品に入れる額縁は外部の額縁製造業者が作りますが、欧米の美術館では、美術館の中に工房があり、館に属する職人が額縁を作ります。

絵を額装するさい問題になるのが、絵にガラス（あるいはアクリル）をはめるかどうかです。私が美術館に勤め始めた頃は、美術館が所蔵している絵にガラスをはめることはめったになく、購入・寄贈時にガラスがはめてある絵でも、絵が所蔵作品になった段階で額縁からガラスをはずすこともありました。絵にガラス（あるいはアクリル）がはめてあると、照明がガラスに反射し、鑑賞の妨げになるからです。しかし、近年は、大気汚染などによる絵の被害が指摘されたこと、反射の少ない特殊ガラスが普及したことなどから、作品保護のために、美術館でも絵にガラスをはめることが見られるようになりました。

＊ミコラス・ペニー著／古賀敬子訳『額縁と名画』（２００３年、八坂書房）

あとがき

今日、博物館・美術館の置かれている状況は、これまでに経験したことのないような厳しいものです。本書でも言及しているように、入館者の減少、税収の減少に伴う事業費の削減、人員の削減、指定管理者制度の導入等々、数えあげれば切りがありません。そして、この状況は、当分の間続くものと思われます。この厳しさを乗り切るには、より多くの人たちに、博物館・美術館を知ってもらうのが最も良い方法であると考えています。つまり、〝サポーター〟を増やし、博物館・美術館を応援してもらうことです。本書が、それにたいして幾分でも貢献できることを願っています。

ところで、本書が出来上がるまでには、さまざまなことがありました。まず、大島清次・元世田谷美術館館長（現・世田谷美術館名誉館長）との出会いです。世田谷美術館の開館前から、20年近く学芸員として仕えました。学芸員としての経験、知識がほとんどなかった私を、何とかここまで引き上げてくれたことを感謝しなければなりません。それでも、大島・元館長にとっては、これまで最も出来の悪い学芸員だったようです。そして、本書でも引用した『美術館とは何か』に接したことが、本書を書く一つのきっかけになりました。この本は、絶版になっているそうですが、今でも読む価値があると思っています。

宝木範義・元世田谷美術館学芸部長（現・明星大学教授）には、10余年にわたり指導を賜りました。給料をもらいながら勉強する機会を与えられたことは、実にありがたいことでした。また、お名前はあげませんが、世田谷美術館の学芸員の方々には、さまざまなことを教えいただきました。

埼玉大学と明星大学の学生諸君には、大いに刺激を受けました。私が学生の時に受けた授業のほとんどは、退屈なものでした。そのような授業にだけはしたくないと心がけていましたが、学生諸君にとっては結構退屈だったようです。そればかりか、ときに学生諸君の夢や希望を打ち砕くようなことも言いました。学芸員と事務職との関係について話したときは、思わず昔のことを想いだし、熱が入り過ぎたのでしょうか、かなり過激なことを言ったようです。授業終了後のアンケートには、「とても生々しい話で面白かった」と書く学生がいた一方、「これから社会に巣立って行こうとする若い私たちに、そんな希望を失わせるようなことは言わないで欲しい」と抗議する学生もいました。翌週、博物館は嫌なことばかりではない、学芸員をしていれば面白いこともあり、楽しいこともある、と希望を抱くようなことを言ったのですが、手遅れでした。暗い雰囲気がしばらく続きました。

「学芸員をしていていちばん辛かったのは何か?」という質問があったので、翌週自分の体験を話しました。すると、「個人的な恨み言を授業で言うべきでない」と非難されました。私の個人的な問題でなく、私と同じような目にあって、博物館を去って行った学芸員のいることを知っていたので、どこでも起こっている〝普遍的な〟問題として話したつもりだったのですが、うまく伝わらなかったようです。実際のところ、似たようなことは、どこでも起こっているのです。

それでも授業では、時々面白い質問が出るので助かりました。ある学生から、「先生、学芸員の給料って良いんですか?」と質問されたときは、少し驚きましたが、他の学生も驚いたようです。

「お前、そんなこと聞くなよ」と言う男子学生の声がしました。それでも、次の週には、学芸員の給料について、かなりの時間をかけて説明しました。ただ、働いて給料をもらったことのない学生諸君には、給与体系のことはよく理解できなかったようです。

古来より、「教えることは学ぶことである」と言われていますが、私の場合まさにそのとおりで、両大学の学生諸君のお蔭で、随分勉強させてもらいました。

最後になりましたが、製作を担当した艸藝社の原英二氏、出版を引き受けていただいた有限会社慶友社に感謝いたします。

清水久夫

二〇〇五年盛夏

清水久夫（しみず・ひさお）

著者略歴

1949年（昭和24）、東京に生まれる。法政大学大学院人文科学研究科博士課程単位取得。日本学術振興会奨励研究員、法政大学非常勤講師等を経て、世田谷区総務部美術館建設準備室学芸員となる。世田谷美術館開館後は、学芸部教育普及課長、資料調査課長等を勤める。現在、世田谷区立郷土資料館館長、埼玉大学教育学部非常勤講師、明星大学日本文化学部非常勤講師。

主な論文

「土方久功の造形思考」（世田谷美術館紀要第3号）、「世田谷美術館の博物館実習について」（博物館研究第35巻3号）、「美術館の『外部発注方式』」（アートマネジメント研究第2号）、「南洋／エクゾティズム／表象：土方久功をめぐって」（立命館大学言語文化研究第14巻1号）、「公立美術館の入館者数」（博物館研究第38巻6号）

博物館Q&A
博物館・美術館のウラ・オモテ

二〇〇五年十月八日　第一刷

著　者　清水久夫

発行所　慶友社
〒一〇一―〇〇五一
東京都千代田区神田神保町二―四八
電　話　〇三―三二六一―一三六一
FAX　〇三―三二六一―一三六九

製　作　艸藝社
表紙デザイン　原　英二
印刷・製本　猪瀬印刷株式会社

ISBN4-87449-237-1